Berlin auf einen Blick

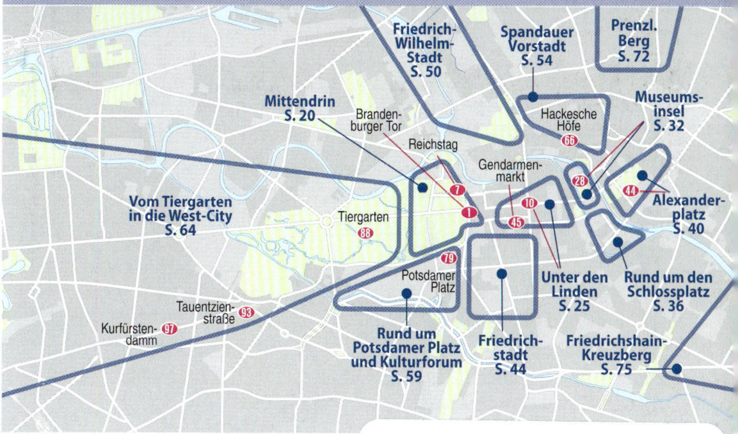

Inhalt

Zeichenerklärung

★★★ nicht verpassen
★★ besonders sehenswert
★ wichtig für speziell interessierte Besucher

[A1] Planquadrat im Kartenmaterial. Orte ohne diese Angabe liegen außerhalb unserer Karten. Ihre Lage kann aber wie die von allen Ortsmarken mithilfe der begleitenden Web-App angezeigt werden (s. S. 151).

Updates zum Buch

www.reise-know-how.de/citytrip/berlin18

Vorwahlen

› für Berlin: 030
› für Deutschland: 0049

Kristine Jaath

CITY|TRIP
BERLIN

Nicht verpassen!

Karte S. 3

1 Brandenburger Tor [J5]
Berlins Wahrzeichen war früher Symbol für die Teilung der Welt und ist heute ein Inbegriff für die Überwindung von Grenzen (s. S. 20).

7 Reichstag [J5]
Dem Deutschen Bundestag aufs Dach gestiegen, lässt sich von der gläsernen Kuppel aus ein herrlicher Rundblick über die Dächer der Hauptstadt genießen (s. S. 23).

10 Straße Unter den Linden [K5]
Berlins Prachtboulevard präsentiert sich als Abfolge herausragender Bauwerke vom preußischen Klassizismus bis zur Moderne (s. S. 25).

28 Museumsinsel [L4]
6000 Jahre Kunst und Kultur der Menschheitsgeschichte im Herzen der Stadt – von der UNESCO zum Weltkulturerbe erklärt (s. S. 32).

44 Alexanderplatz [M4]
Mythos der Moderne, berühmter Verkehrsknotenpunkt, Weltstadtplatz – überragt von der silbernen Kugel des Fernsehturms (s. S. 42).

45 Gendarmenmarkt [K5]
Berlins schönster Platz mit dem Schinkelschen Schauspielhaus, eingerahmt von gleich zwei Domen (s. S. 44).

66 Hackesche Höfe [L4]
Das quirlige Viertel um die Hackeschen Höfe bietet die höchste Gastronomiedichte der Spree-Metropole (s. S. 54).

79 Potsdamer Platz [J6]
Rund um die Skyline Berlins stehen in der pulsierenden „Stadt in der Stadt" Kultur und Shopping im Rampenlicht (s. S. 59).

88 Tiergarten [H5–J5]
Die „Schwangere Auster", die „Goldelse" und der Zoologische Garten zählen zu den berühmten Sehenswürdigkeiten der Grünen Lunge im Zentrum der Hauptstadt (s. S. 64).

93 97 Tauentzienstraße und Kurfürstendamm [F7/E7]
Vom Kaufhaus des Westens über die Kaiser-Wilhelm-Gedächtniskirche bis zum Kurfürstendamm lädt die Flaniermeile des alten Westens zum Bummeln, Schauen und Einkaufen ein (s. S. 66 und S. 68).

Leichte Orientierung mit dem cleveren Nummernsystem
Die Sehenswürdigkeiten sind im Text und im Kartenmaterial mit derselben **magentafarbenen ovalen Nummer** 1 markiert. Alle anderen Lokalitäten wie Geschäfte, Restaurants usw. tragen ein **Symbol und eine fortlaufende rote Nummer** (1). Die Liste aller Orte befindet sich auf S. 147, die Zeichenerklärung S. 151.

BERLIN: HAUPTSTADT DER SPIONE
Besuchen Sie die Erlebnis-Ausstellung über die Welt der Spionage
DEUTSCHES SPIONAGE MUSEUM
GERMAN SPY MUSEUM
Leipziger Platz 9, 10117 Berlin, S U BUS Potsdamer Platz,
Täglich 10 – 20 Uhr, www.deutsches-spionagemuseum.de

BERLIN ENTDECKEN

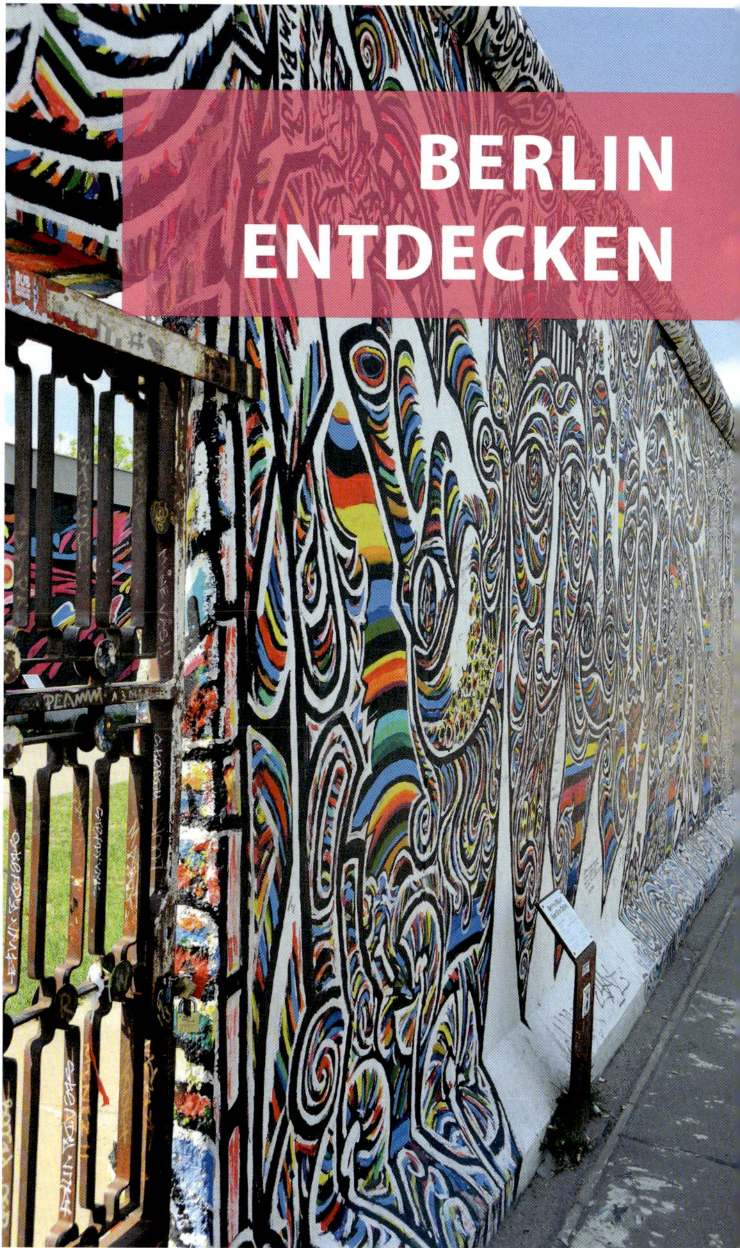

312be-fo©heiko_küverling

Berlin, wie haste dir verändert!

Als Berlinerin wird man oft gefragt: Was ist das Typische an der Stadt? Und ich antworte: „Immerfort zu werden und nie zu sein." Denn treffender als mit diesem mehr als 100 Jahre alten Ausspruch von Karl Scheffler kann man die Spree-Metropole kaum beschreiben. Diese Stadt, die nie fertig wird, sondern sich immer wieder neu erfindet.

Legen Sie mal folgende Berlin-Bilder nebeneinander: Die **1980er-Jahre:** Berlin ist eine **geteilte Stadt,** hier der eingemauerte Westteil mit Ku'damm-Glitzer und Kreuzberg-Punk, da die Hauptstadt der DDR, prachtvoll Unter den Linden, realsozialistisch das neue Zentrum und grau in grau alles drumherum. Die **1990er-Jahre:** Zwischen Potsdamer Platz 79, Hauptbahnhof und Friedrichstraße 49 entsteht eine **komplett neue Stadtmitte** (!), während die maroden Altbaukieze im ehemaligen Ostteil zu Abenteuerplätzen für eine kreative Subkultur werden. Gegensätze von Anarchischem und Metropolitanem, Kaputnik-Schuppen und Glaspalast bilden das neue Berlin-Programm und kulminieren in den **„Nuller-Jahren"** zum berühmten Berlin-Slogan: „arm, aber sexy". Immer mehr Kreative aus aller Welt lockt der **Berlin-Spirit** an. Ihnen folgen die Spekulanten und Immobilienentwickler. Die zahlreichen Zwischennutzer und Strandbaristas müssen weiterziehen, denn die letzten innerstädtischen Brachen werden teuer bebaut, Altbauten luxussaniert und Industrieruinen in Showrooms und Lofts umfunktioniert. Wer diese drei Berlin-Bilder nebeneinander legt, wird – wenn er es nicht besser wüsste – meinen, er habe es jedes Mal mit einer **vollkommen anderen Stadt** zu tun.

Seit dem Mauerfall sind über 3 Mio. Menschen neu nach Berlin gezogen – und 2,7 Mio. weg, fast ein kompletter Bevölkerungsaustausch! Aber auch das ist nichts Neues, sondern hat lange Tradition. **Migration** war stets ein tragendes Fundament in der Stadt. Einwanderer haben Berlin immer (mit-)gemacht, angefangen bei den Hugenotten im 17. Jahrhundert über die Juden, Polen und Russen um die Wende zum 20. Jahrhundert bis hin zu den türkischen und kurdischen „Gastarbeitern" (Westberlin) und vietnamesischen oder angolanischen „Vertragsarbeitern" (Hauptstadt der DDR) und heute jungen Menschen aus aller Welt, die mit der Spree-Metropole Freiheit und einen guten Start in die Zukunft verbinden.

Die wahren Berliner **Konstanten** sind deshalb der Ideenreichtum und die Experimentierfreudigkeit, die Weltoffenheit, die Wandlungsfähigkeit, die Vielfalt und Multikulturalität dieser Stadt. Alles andere verändert sich ständig und macht die deutsche Hauptstadt immer wieder von Neuem spannend. Seien Sie also herzlich willkommen in Berlin! Und mögen Sie die Spree-Metropole in allen ihren bunten Facetten entdecken und genießen.

< Vorseite: An der Eastside Gallery 109

Kurztrip nach Berlin

Die berühmtesten Sehenswürdigkeiten im Herzen der Hauptstadt lassen sich zwischen Alexanderplatz, Brandenburger Tor und Kurfürstendamm gut in zwei Tagen erwandern. Wahlweise bieten sich außerdem verschiedene schöne Abstecher an, um die spannendsten Sights im ein oder anderen Stadtbezirk zu entdecken.

1. Tag

Um sich einen ersten großartigen Überblick über Berlin zu verschaffen, empfiehlt es sich, mit einem **Besuch der Reichstagskuppel** 7 nahe dem Brandenburger Tor zu starten, oder – noch höher hinauf – den **Fernsehturm** 43 am Alexanderplatz zu erklimmen. Kaum irgendwo geht die Rundumsicht über das Häusermeer weiter in die Ferne als vom Fernsehturm aus, leider ist der Eintrittspreis recht happig. Den Regierenden hingegen kommt man kaum näher als in der gläsernen Reichstagskuppel, wo einem, während man das grandiose Hauptstadtpanorama genießt, die Bundestagsabgeordneten gewissermaßen „zu Füßen" sitzen. Hier ist der Eintritt kostenlos, allerdings muss man sich rechtzeitig vorher anmelden (s. S. 23).

Ein anschließender Bummel auf Berlins Prachtboulevard **Unter den Linden** 10 vom **Brandenburger Tor** 1 zum **Alexanderplatz** 44 (siehe hierzu auch den Spaziergang 1 auf S. 12) führt auf kurzer Wegstrecke an zahlreichen der eindrucksvollsten Bauwerke vorbei, mit denen die Spree-Metropole aufwarten kann.

Freunde der Antike und der Kunst sollten viel Zeit für den Besuch der weltberühmten **Museumsinsel** 28 einplanen, während Geschichtsinteressierte gleich in der Nachbarschaft im Zeughaus mit dem **Deutschen Historischen Museum** 21 oder auch im **DDR-Museum** (s. S. 88) auf ihre Kosten kommen. Letzteres ist auch für Kinder spannend.

Abends steht in Berlin natürlich **Ausgehen** auf dem Programm. Für Leib und Magen bietet die Stadt vom Fünfsternerestaurant über deutsche und internationale Restaurants bis hin zu Biergärten, Kneipen und Brutzelbuden alles, was man sich kulinarisch nur wünschen kann. Eine kleine Auswahl haben wir ab S. 91 zusammengestellt.

002be-kj

Die Daimler-City 80 am Potsdamer Platz zählt zu den bekanntesten Neubauprojekten Berlins nach der Wiedervereinigung

351be-kj

Für Freunde der ernsten Musik kommt vielleicht eine Aufführung in einem der Opernhäuser, im **Konzerthaus Berlin/Schinkelsches Schauspielhaus** 48 oder in der **Philharmonie** 84 in Betracht. Wer die leichte Muse bevorzugt, dem seien der **Friedrichstadt-Palast** 61 oder das **Theater des Westens** (s. S. 98) empfohlen. Das allnächtliche Konzertangebot für Jazz, Rock, Pop, Hip-Hop, Indie, Techno, Reggae, Disco, DUB oder Punk u. v. m. ist immens. Die wichtigsten Locations mit den zugehörigen Web-Adressen haben wir ab S. 98 für Sie aufgelistet.

Und wer das gesprochene Wort präferiert: Führend unter den Berliner Sprechbühnen (s. S. 96) sind das **Berliner Ensemble** 59, das **Deutsche Theater** 60, die **Volksbühne am Rosa-Luxemburg-Platz** (s. S. 96) oder das **Hebbel am Ufer** (s. S. 96).

EXTRATIPP

Mit Doppeldeckerbussen Berlin entdecken

Einen tollen Einstieg in die Stadt bieten die **Buslinien 100 und 200** (s. S. 133). Den schönsten Ausblick hat man von den Sitzplätzen vorn auf dem Oberdeck aus.

2. Tag

Ging es am ersten Tag ins östliche Zentrum, führt der zweite Tag in den Westen. Dort gehören der **Potsdamer Platz** 79 und das **Kulturforum** 85 zu den herausragenden Sehenswürdigkeiten, bevor man über den **Tiergarten** 88 die West-City mit **Kaiser-Wilhelm-Gedächtniskirche** 94 und **Kurfürstendamm** 97 erreicht (siehe auch Spaziergang 2 auf S. 14).

Auch hier sollten Kunstliebhaber wieder viel Zeit mitbringen, denn die **Gemäldegalerie am Kulturforum** 85 zeigt eine der weltweit bedeutendsten Sammlungen europäischer Malerei vom 13. bis 18. Jh. (Die **Neue Nationalgalerie** 86 mit herausragender Kunst des 20. Jahrhunderts ist wegen Sanierung die nächsten Jahre **leider geschlossen**.)

Viel Neues rund um den Bahnhof Zoo 92: das restaurierte Bikinihaus mit dem wolkenkratzenden Zoofenster

Für Berlin-Besucher mit Kindern ist der **Zoologische Garten** 91 ein beliebter Anziehungspunkt. Nahebei zählen am **Bahnhof Zoo** 92 das **Museum für Fotografie** (s. S. 87) und die **C/O-Galerie** (s. S. 88) zu den weltweit bedeutendsten Ausstellungsorten für Fotokunst.

Nur wenige Schritte davon entfernt erheben sich am Breitscheidplatz das **Europa-Center** 95 und die **Kaiser-Wilhelm-Gedächtniskirche** 94. Hier hat man die Wahl zwischen einem Shopping-Bummel rechts zum Kurfürstendamm mit seinen Edelboutiquen oder links über die **Tauentzienstraße** 93, an der sich ein Kaufhaus ans andere reiht. Höhepunkt der Waren-Parade ist das **KaDeWe** 96 am Wittenbergplatz mit Europas größter Schlemmer- und Feinkostabteilung in der 6. Etage.

Zum **abendlichen Ausgehen** prädestiniert ist neben der **Spandauer Vorstadt** (s. S. 54) rund um die **Hackeschen Höfe** 66 außerdem der **Prenzlauer Berg** (s. S. 72), wo es die Stadtbohème in den Kiez zwischen **Kollwitzplatz** 103, **Kulturbrauerei** 106 und **Kastanienallee** [M1–2] zieht. Etabliert in Kunst und Kultur zeigt sich das Publikum in den Bars und Restaurants rund um den **Charlottenburger Savignyplatz** [E6]. Cool oder auch ballermannmäßig geht es auf der Party-Piste in **Friedrichshain-Kreuzberg** zu. Von der Simon-Dach-Straße [Q6] und dem RAW-Gelände [Q6] reicht der **Party-Trail** (s. S. 78) über den Kreuzberger Wrangelkiez [O7–P8] bis nach „Kreuzkölln" mit einer großen Auswahl an Kneipen, Klubs, Bars.

Aber vielleicht steht der Sinn mehr nach Kabarett, Kleinkunst und Brett'lbühne (s. S. 97)? Oder nach einer politischen Diskussionsveranstaltung? Oder einer Wanderung zu den Berliner Bienenweiden? Die unzähligen Veranstaltungen an einem Tag sagen vor allem eins: Berlin ist immer eine Reise wert!

Wenn noch Zeit bleibt an einem Wochenende (oder auch beim nächsten Besuch), sollte man Folgendes nicht verpassen:

- die geschichtsträchtige **Friedrichstadt** (s. S. 44) vom klassizistischen **Gendarmenmarkt** 45 über die **Friedrichstraße** 49 zum **Checkpoint Charlie** 50
- gediegen im alten Westen: **Charlottenburg** zwischen Zoologischem Garten und **Schloss Charlottenburg** 98
- **Friedrichshain-Kreuzberg** (s. S. 75): legendär für Multikulti und Kiezkultur zwischen Gründerzeitvierteln und realsozialistischer Architektur
- den grünen **Berliner Südwesten** mit seinen weitläufigen Hohenzollernparks und königlich preußischen Residenzen, seit 1990 UNESCO-Weltkulturerbe

355be-kj

› *Draußensitzen ist in Berlin zu jeder Tages- und Jahreszeit Lieblingsunternehmung*

Stadtspaziergänge

Spaziergang 1: im Herzen Berlins – vom Brandenburger Tor zum Alexanderplatz

Länge: ca. 6 km
Dauer: ca. 3–6 Stunden
Startpunkt: S-Bahn-Station Brandenburger Tor
Endpunkt: Alexanderplatz 44

Ausgangspunkt dieser Tour, die die berühmtesten Berliner Sehenswürdigkeiten vereint, ist die S-Bahn-Station Brandenburger Tor. Von dort ist der **Pariser Platz** 2 mit dem weltbekannten **Brandenburger Tor** 1 schnell erreicht. Aber auch die anderen Gebäude am Platz – darunter die **Akademie der Künste** 4 oder das vornehme **Hotel Adlon** 3 – lohnen den Blick, bevor es, nach einem Abstecher zum **Holocaust-Mahnmal** 5 und zum **Sowjetischen Ehrenmal** 6, zum **Reichstag** 7 geht. Um die gläserne Reichstagskuppel zu erklimmen, die eine großartige Aussicht über die Dächer der Hauptstadt verspricht, muss man sich online, per Fax oder Post vorher anmelden (s. S. 23). Die Wartezeit während der Einlasskontrolle lässt sich nutzen, indem man schon mal zu ebener Erde den Blick schweifen lässt: Nordwestlich thront der mächtige Klotz des **Bundeskanzleramts** 9, ihm gegenüber steht das Paul-Löbe-Haus, in dem die Bundestagsausschüsse tagen.

Nach dem Besuch der Reichstagskuppel zurück am Pariser Platz, beginnt östlich vom S-Bahnhof Brandenburger Tor Berlins Paradeboulevard, die **Straße Unter den Linden** 10. Unübersehbar, verdient die im stalinistischen Zuckerbäckerstil errichtete Russische Botschaft Aufmerksamkeit, bevor die Friedrichstraße die Linden kreuzt.

Einen kleinen Abstecher lohnt der **Gendarmenmarkt** 45, den man, geschmückt vom **Deutschen Dom** 47, **Schauspielhaus** 48 und **Französischen Dom** 46, als einen der schönsten Plätze der Hauptstadt rühmt.

Als nächster Höhepunkt Unter den Linden präsentiert sich das **Forum Fridericianum** 13, ein monumentales Residenzplatz-Projekt, das nach dem Willen von König Friedrich dem Großen ab dem Jahr 1741 Gestalt annahm. Zwar wurden nur vier Gebäude eines erheblich größeren Plans verwirklicht, doch zählen diese mit zum schönsten, das Berlin bieten kann: die **St.-Hedwigs-Kathedrale** 18, die **Alte Bibliothek** 16, das Prinz-Heinrich-Palais, heute **Humboldt-Universi-**

317be-fo©ingaj

Klassisch erhaben thront die Alte Nationalgalerie 32 *auf der Museumsinsel*

Die Verläufe der Spaziergänge 1 und 2 sind mit farbigen Linien im Faltplan eingezeichnet.

tät 14, und die **Staatsoper Unter den Linden** 19.

Es folgen **Prinzessinnenpalais** 22 und **Kronprinzenpalais** 23 sowie gegenüber die **Neue Wache** 20 und das **Zeughaus** 21 mit dem Deutschen Historischen Museum.

An der **Schlossbrücke** 27 an der Spree angelangt, dehnt sich vor den Augen die Spreeinsel aus. Ihren nördlichen Teil nimmt die **Museumsinsel** 28 ein, deren Ensemble aus **Altem Museum** 29, **Neuem Museum** 31, **Alter Nationalgalerie** 32, **Pergamonmuseum** 34 und **Bode-Museum** 33 seit 1999 zum UNESCO-Weltkulturerbe gehört. Überragt wird es vom neubarocken **Berliner Dom** 35, der größten evangelischen Kirche Deutschlands. Über die südliche Inselhälfte erstreckt sich das Areal, auf dem das historische **Berliner Stadtschloss** 36 zur Zeit neu entsteht.

Wem die Füße nun bereits müde geworden sind, dem empfiehlt sich der Weg von der Museumsinsel aus über die Friedrichsbrücke in Richtung **Hackesche Höfe** 66. Dort, und auch schon vorher in den S-Bahnbögen im kleinen James-Simon-Park, kann man drinnen und draußen in einem der zahlreichen Cafés verschnaufen.

Wer noch weiter möchte, dem weist am Berliner Dom von der Karl-Liebknecht-Brücke aus die Sicht auf die beiden spitzen Türme der **Nikolaikirche** 39 im historischen **Nikolaiviertel** 38 den Weg. Nahebei fällt der Blick auf den Backsteinturm des **Roten Rathauses** 40 und ihm gegenüber auf die grünspanbedeckte Turmhaube der **St.-Marien-Kirche** 42. Über sie alle hinweg ragt kurz vor dem **Alexanderplatz** 44 der **Fernsehturm** 43 in den Himmel hinauf. In 200 Meter Höhe wartet die Panorama-Etage auf einen Besuch, wo man seine Wanderung durch das Herz von Berlin mit einem grandiosen, bei gutem Wetter 40 Kilometer weiten Rundumblick abschließen kann.

Spaziergang 2: vom Potsdamer Platz durch den Tiergarten in die West-City

Länge: ca. 8 km
Dauer: ca. 4–6 Stunden
Startpunkt: Potsdamer Platz 79
Endpunkt: U-Bahn-Station Wittenbergplatz

Der Spaziergang beginnt am **Potsdamer Platz** 79, wo eine Fahrt mit dem schnellsten Fahrstuhl Europas hinauf auf das Kollhoff-Hochhaus (s. S. 60) oder ein kleiner Sightseeing-Bummel durch die wenigen schmalen Straßen der **Daimler-City** 80 und durch das **Sony Center** 81 zu den Anziehungspunkten gehören.

Für Kunstliebhaber bietet sich an, danach über die breite Potsdamer Straße zum **Kulturforum** 85 weiterzuziehen, um sich in der dort befindlichen Gemäldegalerie oder der **Neuen Nationalgalerie** 86 (derzeit geschlossen) in die Betrachtung alter oder moderner Meisterwerke zu vertiefen. Hans Scharouns **Philharmonie** 84 samt Kammermusiksaal und gegenüber die **Neue Staatsbibliothek** 83 am Platz lohnen ebenfalls einen längeren Blick.

Weiter geht es vom Kemperplatz [I6] aus, wo der Tiergartentunnel wieder ans Tageslicht kommt, in den grünen **Tiergarten** 88 hinein. Schnurgerade führt die Bellevueallee durch den Park und über die vielspurige Straße des 17. Juni hinweg zum **Schloss Bellevue** 90. Der Amtssitz des Bundespräsidenten ist nur von außen zu besichtigen – im Unterschied zur **Siegessäule am Großen Stern** 89, die sich bereits in Sichtweite zum Schloss erhebt. Man kann sie erklimmen und wird mit einer herrlichen Aussicht auf die Spreemetropole belohnt.

Wieder zu ebener Erde ist keine zehn Spazierminuten später am Ufer des Neuen Sees das **Café am Neuen See** (s. S. 102) erreicht. Mit Biergarten und Ruderbootverleih lädt es täglich ab 9 Uhr zur Siesta ein, und so ausgeruht lässt sich die die Etappe durch den westlichen Tiergarten zum Zoologischen Garten gut meistern. Der Weg führt am Südufer des Landwehrkanals an der Zoo-Umzäunung entlang zur Schleuseninsel. Wo die Tiergartenschleuse den Ausflugsschiffen ihre weitere Passage ermöglicht, besteht im **Schleusenkrug** (s. S. 102) mit großem Biergarten eine weitere schöne Einkehrmöglichkeit, bevor es am Bahndamm entlang hinunter zum **Bahnhof Zoo** 92 mit zahlreichen S- und U-Bahnen geht (für die, die den Spaziergang hier enden wollen).

Gegenüber am Platz geht es am Löwentor als einem der beiden Haupteingänge in den **Zoologischen Garten** 91 hinein. In der Nachbarschaft lassen sich im Zentrum des alten Westens bereits das **Europa-Center** 95 und die **Kaiser-Wilhelm-Gedächtniskirche** 94 ausmachen. Von dort hat man die Wahl zwischen einem Bummel rechts über den **Kurfürstendamm** 97 mit seinen Edelboutiquen oder links über die **Tauentzienstraße** 93, an der sich ein Kaufhaus ans andere reiht. Höhepunkt der Kaufhaus-Parade ist das **KaDeWe** 96 am Wittenbergplatz und hier die 6. Etage, wo man sich in der größten Schlemmer- und Feinkostabteilung Europas von Curry- und Weißwurst bis hin zur Champagner-Bar zum Abschluss der Berlin-Wanderung ausgiebig stärken kann.

Spaziergang 3: Prenzlberg – zwischen Lifestyle, Kult und Mauerweg

Länge: ca. 4 km
Dauer: ca. 2–3 Stunden
Startpunkt: U-Bahn-Station Senefelder Platz
Endpunkt: Gedenkstätte Berliner Mauer 65

Start für den Spaziergang ist der U-Bahnhof Senefelder Platz [M3]. Den **Fernsehturm** 43 im Rücken und die Segenskirche im Blick liegt wenige Schritte die Schönhauser Allee hinauf rechts der **Jüdische Friedhof** 105. Mit seinen altehrwürdigen, efeuumrankten Grabmalen ist er einen ausgedehnten Abstecher wert. Anschließend geht es von der Schönhauser Allee die nächste rechts in die Wörther Straße hinein und dort, wo diese auf den **Kollwitzplatz** 103 stößt, noch einmal rechts in die Knaackstraße [N2].

Wo zu DDR-Zeiten die subversive Ostberliner Kulturszene wirkte, wo sich nach der Wende mit Kneipen, Klubs und Off-Galerien ein Epizentrum der Berliner Subkultur entwickelte, dehnt sich heute rund um den Kollwitzplatz eines der teuersten innerstädtischen Wohnviertel aus. Luxussanierte Altbauwohnungen und exklusive Neubauten säumen die Pflaster.

Rechts, also in die Knaackstraße eingeschwenkt, drängt sich im Hintergrund bereits der **„Dicke Herrmann" am Wasserturmplatz** (s. S. 72) in die Sicht. Vorher aber sollte man seine Aufmerksamkeit noch auf die Kollwitzstraße 56a lenken. Dort (Ecke Knaakstraße) lebte die Bildhauerin **Käthe Kollwitz** bis zur Zerstörung des Hauses 1943 im Zweiten Weltkrieg. Folgt man der Knaackstraße weiter Richtung Wasserturm, laden eine Reihe Cafés und Restaurants zur kleinen Pause ein. Danach um die Ecke gebogen steht gleich am Anfang der Rykestraße **Deutschlands größte Synagoge** 104, die allerdings nicht besichtigt werden kann. Ein weiteres Mal links eingeschwenkt, gelangt man über die Wörtherstraße wenige Schritte später wieder zum Kollwitzplatz.

Weiter geht der Spaziergang über die **Husemannstraße** [N2] und, nachdem man in die nächste links eingebogen ist, die Sredzkistraße zur **Kulturbrauerei** 106. Hat man das backsteinerne Areal mit seinen sechs Höfen durchwandert und ist an der Knaack-, Ecke Danziger Straße wieder hinausgelangt, geht es links in Richtung U-Bahnhof Eberswalder Straße. Das

100be Abb.: kj

Käthe-Kollwitz-Denkmal am Kollwitzplatz 103

Spaziergang 3
1 cm = 150 m
0
300 m
© Reise Know-How 2018
Friedrich-Ludwig-Jahn-Sportpark
park
Topsstr.
Gneiststr.
Raumer-
Helm-holtz-platz
Lettestr.
Schliemannstr.
Pappel-
Lychener
Eberswalder Str.
EBERSWALDER STR.
St.-Elisabeth-Stift
Danziger
PREN
BERG
96a
Bernauer Str.
Kremmener Str.
Oderberger
Schwedter
Kastanienallee
Schönhauser Allee
KulturBrauerei
Knaack-
Hagenauer Str.
Duncker-
Sredzki-
Husemann-
Kollwitz-
Kollwitz-platz
Wörther Str.
Synagoge
Rykestr.
Jüdischer Friedhof
Segenskirche
Arkonaplatz
Fürstenberger Str.
Granseer Str.
Swinemünder Str.
Wolliner Str.
Rheinsberger
Griebenowstr.
Zions-kirchpl.
Zionskirche
Zionskirchstr.
Anklamer Str.
Fehrbelliner Str.
Veteranen-str.
Choriner
Tempfliner
Teuto-burger Platz
Christinen-
Zehdenicker Str.
Weinbergs-weg
Volkspark am Weinberg
Lottumstr.
SENEFELDER PLATZ
Senefelder-platz
Saarbrücker Str.
Metzer
Straßburger
Belforter
Diedenhofer Str.
Kolmarer Str.
Mülhauser Str.
Immanuel-kirche
Prenzlauer
Heinrich-Ro
Raabe-
7
118
108
91
106
131
169
174
101
57
103
49
104
105
158
3
1
2
M
N

Hochbahn-Viadukt Ecke Schönhauser Straße ist bereits auszumachen, und dort angelangt kann man sich unter der Hochbahn mitten im tosenden Kreuzungsverkehr bei Berlins berühmter **Currywurstbude Konnopkes Imbiss** (s. S. 72) eine „Curry mit“ oder „ohne“ einverleiben.

Schräg gegenüber mündet die **Kastanienallee** [M2] ein. Auch hier wird umgebaut, aufgewertet und luxussaniert, doch ein wenig quirlige Prenzlberg-Atmosphäre lässt sich immer noch spüren. Die **Oderberger Straße** [M1], nach etwa 300 m die Kastanienallee hinab rechts eingebogen, steht dem an Flair nicht nach. Ihre sehr breiten Trottoirs, auf denen Gaststätten Tisch und Stuhl zum Spazierensitzen anbieten und kleine Läden ihre Sortimente ausladen, machen die „Oderberger“ in der schönen Jahreszeit zum zweiten Wohnzimmer. Folgt man ihr, ist bald darauf die Bernauer Straße erreicht.

Dort dehnt sich links neben den Flutlichtmasten des Ludwig-Jahn-Stadions schmal wie ein Handtuch der **Mauerpark** (s. S. 74) aus. Hier hat man die Wahl: sich im Kultpark die Sonne auf den Pelz brennen lassen oder in die Bernauer Straße einschwenken und dem **Berliner Mauerweg** folgen? Bis 1989 ging der brutale Schnitt zwischen Ost- und Westberlin mitten durch die Bernauer Straße. Heute gehören die 1,4 km Bernauer Straße östlich des Mauerparks und westlich des Nordbahnhofs mit ihren Installationen, Bauwerken und Mauerresten zur **Gedenkstätte Berliner Mauer** 65.

◁ *In der Rykestraße lassen zwei Tordurchfahrten im Vorderhaus einen Blick auf die Synagoge erhaschen* 104

Spaziergang 4: kreuz und quer durch den Kreuzberger Kiez

Länge: ca. 6 km
Dauer: ca. 3–4 Stunden
Startpunkt: S-Bahn-Station Warschauer Straße
Endpunkt: U-Bahn-Station Kottbusser Tor

Vorab: Der Spaziergang führt durch eine Gegend, die nicht frei von Kriminalität ist. Dealer und auch Diebe, die vor allem Touristen um Brieftaschen, Handys oder Autoschlüssel erleichtern, gehören mit zum Erscheinungsbild. Nehmen Sie deshalb keine unnötigen Wertsachen mit und tragen Sie Ihr Geld unter der Kleidung am Körper (siehe auch S. 78).

Der Ausflug ins nordöstliche **Kreuzberg 36**, so nach dem alten Postzustellbezirk „Südost (SO) 36“ genannt, beginnt an der S-Bahn-Station Warschauer Straße [Q7]. Frühmorgens wummern dort noch die Basslines aus den Klubs auf dem RAW-Gelände [Q6]. Szenegänger mischen sich mit Dealern, Straßenmusikern, Berufstätigen auf dem Arbeitsweg und der Berliner Stadtreinigung, die die Warschauer Brücke von den Hinterlassenschaften der letzten Partynacht befreit. Willkommen also im Partykiez!

Von der Brücke aus bietet sich eine Aussicht auf reizlose Zweckbauten inmitten von Gleis- und Industrieanlagen, die zu den weniger attraktiven, aber dennoch nicht unspannenden Berliner Ansichten zählt. Am Brückenende, wo die U-Bahn-Linie 1 am Endbahnhof Warschauer Straße ihre Fahrgäste entlässt, kann man „bergab“ zur Spree bereits die kuriosen

Backsteintürme der **Oberbaumbrücke** 110 erkennen, Wahrzeichen des Bezirks Friedrichshain-Kreuzberg.

Noch auf der Friedrichshainer Seite der Spree ist die **Eastside Gallery** 109 einen Abstecher wert. Das längste noch erhaltene Berliner Mauerstück verläuft immer am Wasser entlang. Da die nächste Brücke erst nach 2,5 Kilometern kommt, ist es anzuraten, nach einem Gallery-Bummel kurzerhand wieder umzudrehen, um über die Oberbaumbrücke ans Kreuzberger Ufer zu wechseln.

Auf dem turmgekrönten Brückenbauwerk kann man recht hübsch den Blick schweifen lassen: Flussabwärts funkelt schwer zu übersehen die silberne Kugel des **Fernsehturms** 43, flussaufwärts öffnet sich der Osthafen mit der Metallgroßskulptur „**Molecule Man**" im Wasser im Hintergrund.

Am Kreuzberger Spreeufer angelangt, knickt man nicht mit der Hochbahntrasse ab, sondern läuft geradeaus weiter, unterquert die Hochbahn und auf geht's ins Getümmel. Links die Schlesische Straße [P7/8] hinunter lohnt sich vor allem im Sommer das **Badeschiff** (s. S. 78). Oder man spaziert gleich geradeaus weiter in die **Falckensteinstraße** [P8] hinein: Partyzone, Futtermeile und zweites Wohnzimmer zugleich.

An zahlreichen Lokalen vorbei ist am Ende der „Falcke" der **Görlitzer Park** [P8] erreicht. „Oh ick wohn ja nu Görli Görli, in German we say 6- an'

30" – die Kreuzberg-Hymne von P. R. Kantate hat den „Görli" deutschlandweit bekannt gemacht. Keine hundert Meter in den Park hinein, geht es rechts auf die asphaltierte Hauptachse und durch das Rondell hindurch, an Grillern und Musikkombos oder auch Schneeballschlachten und Schlittenfahrern vorbei und hinter dem Sportplatz den nächsten Weg links aus dem Park zur **Wiener Straße** [O8] hinaus.

Die „Wiener" hinauf wartet keine 200 Meter später am **Spreewaldplatz** [O8] die nächsten Bar- und Kneipenparade auf. Das U-Bahn-Viadukt bereits wieder in Sichtweite und auf Höhe des Görlitzer Bahnhofs abermals unterquert, zieht man sodann geradeaus weiter in die **Oranienstraße** ⑪. Die Kreuzberger Mischung aus multikulti, autonom und alternativ lässt sich am schönsten in der „O-Straße" zwischen dem Kneipenrondell **Heinrichplatz** [N7] und der **Adalbertstraße** erkunden.

Biegt man von der Oranienstraße links in die Adalbertstraße ein, wird man schon von Weitem vom Betonbügel des **Neuen Kreuzberger Zentrums (NKZ)** ⑫ begrüßt. Wieso es zu solch geballter Scheußlichkeit kommen konnte, kann man kurz vor dem NKZ im **Kreuzberg-Museum** (s. S. 79) erfahren, bevor man – eine letzte Unterquerung auf diesem Spaziergang – unter dem NKZ-Betonbügel hindurch zum U-Bahnhof Kottbusser Tor gelangt.

Mittendrin – rund um Brandenburger Tor und Regierungsviertel

An der ehemaligen Nahtstelle zwischen West und Ost erhebt sich Berlins Wahrzeichen par excellence – früher Symbol für die Teilung der Welt, heute für die Überwindung von Grenzen. Rund um das Brandenburger Tor hat sich zwischen Spreebogen und der Straße Unter den Linden die wiedervereinigte Bundesrepublik ihre neuen Paläste gebaut.

1 Brandenburger Tor ★★★ [J5]

Das Brandenburger Tor ist das Berliner Wahrzeichen schlechthin. Von 1788 bis 1791 entstand der frühklassizistische Sandsteinbau als bedeutendstes Werk von Baumeister Carl Gotthard Langhans nach dem Vorbild der Propyläen auf der Athener Akropolis. Obenauf wird es von der **Quadriga** gekrönt: dem bronzenen Viergespann mit der Siegesgöttin Viktoria, das der Bildhauer Johann Gottfried Schadow 1789 entwarf. 1806 wurde Madame samt Gespann nach der Besetzung Berlins durch napoleonische Truppen in die französische Hauptstadt entführt und gelangte erst 1814, nach der Einnahme von Paris durch das preußische Heer, in ihre angestammte Heimat zurück – fortan bereichert um einen preußischen Adler und das von Karl Friedrich Schinkel entworfene Eiserne Kreuz. 1933 zogen nach Hitlers Ernennung zum Reichskanzler SA-Horden mit Fackeln zwischen den Säulen hindurch. Der Kommentar des Malers und Anrainers Max Liebermann dazu ist Legende: „Ich kann gar nicht so viel fressen, wie ich kotzen möchte.“ Zwölf Jahre später fiel der Pariser Platz, den das Brandenburger Tor im Westen beschließt, im Kampf um Berlin in Schutt und Asche.

Von allen kriegszerstörten Bauwerken am Platz wurde 1956/57 nur das berühmte Tor wiedererrichtet; nun ohne Adler und Eisernes Kreuz, die als Sinnbild des preußisch-deutschen Militarismus nicht in die Hand der Viktoria zurückgelangten. Von August 1961 bis November 1989 verlief unmittelbar westlich vom Brandenburger Tor die Berliner Mauer, östlich dehnten sich Todesstreifen und Hinterlandmauer der DDR-Grenzbefestigung aus. Das Wahrzeichen Berlins avancierte zum Symbol für die Teilung der Stadt, des Landes, des Kontinents und der Welt – und wurde mit dem Fall des Eisernen Vorhangs vor knapp drei Jahrzehnten schließlich zum Inbegriff für die friedliche Überwindung von Mauern und Grenzen.

› **Berlin Tourist Info** im südlichen Torhaus vom Brandenburger Tor, tgl. 9.30–19 Uhr, Nov.–März bis 18 Uhr
› **Raum der Stille**, www.raum-der-stille-im-brandenburger-tor.de, im nördlichen Torhaus vom Brandenburger Tor, März–Okt. 11–18 Uhr, Nov./Feb. 11–17 Uhr, Dez./Jan. 11–16 Uhr

2 Pariser Platz ★★★ [J5]

Er gehört zu den **herausragenden Plätzen des historischen wie des neuen Berlin.** König Friedrich Wilhelm I. ließ das Geviert 1732–1734 anlegen und mit vornehmen Palais umbauen, was dem Platz das Aussehen eines fürstlichen Empfangssalons verlieh.

302be-nw

Im Zweiten Weltkrieg völlig zerstört, wurde der Pariser Platz ab den 1990er-Jahren im Sinne einer damals heiß umstrittenen „**kritischen Rekonstruktion**" auf seinem alten Grundriss neu hergestellt: Neben dem originalgetreu rekonstruierten Hotel Adlon ❸ und der benachbarten gläsernen Akademie der Künste ❹ entstanden die weiteren Gebäude am Platz, die durch historische Vorgängerbauten inspiriert wurden: westlich der Akademie die **DZ Bank**, 1996–1999 nach Entwürfen des gefeierten kalifornischen Architekten Frank Gehry errichtet, benachbart die **Amerikanische Botschaft**, 2008 am Ort ihrer 1957 abgerissenen Vorgängerin eingeweiht.

Die Zwillingsbauten südlich und nördlich vom Brandenburger Tor entwarf der Berliner Architekt Josef Paul Kleihues in Anlehnung an die 1945 zerstörten klassizistischen Originalgebäude. Der nördliche Zwillingsbau ist nach dem Maler **Max Liebermann** benannt, der von 1892 bis zu seinem Tod 1935 dort im 2. Stock wohnte.

❸ Hotel Adlon ★★ [J5]

Die legendäre Luxusherberge ist beinahe originalgetreu wiedererstanden. Zur feierlichen Eröffnung des historischen Bauwerks 1907 berichtete die Vossische Zeitung: „Während des gestrigen Tages hatten Kaiser, Kaiserin, Prinzessinnen und Prinzen den prächtigen Hotelbau besichtigt und Herrn Adlon ihre Anerkennung des hier Geschaffenen in ehrendster Weise ausgesprochen."

An diese Tradition knüpft das rekonstruierte Adlon seit seiner Wiedereröffnung 1997 an. 2005 wurde es zum besten Hotel in Europa gewählt, 2007 folgte der ruhmreiche dritte Platz unter den hundert besten Hotels auf der Welt.

⌃ *Das Brandenburger Tor ❶ ist das berühmteste Berliner Wahrzeichen*

4 Akademie der Künste ★★ [J5]

Am Ort der kriegszerstörten alten Akademie der Künste wurde im Mai 2000 der Grundstein für das luftige, transparente neue Bauwerk von Günther Behnisch gelegt. Im Mai 2005 übergab man es seiner Bestimmung, die schönen Künste zu fördern und zu unterstützen. Dem Publikum stehen Passage, Bistro, Buchhandlung, Lesesaal und Ausstellungen offen.

EXTRATIPP

Homosexuellen-Denkmal

Am Tiergartenrand gegenüber dem Holocaust-Mahnmal wird der im Nationalsozialismus verfolgten Schwulen und Lesben gedacht. Der **leicht schräge Betonkubus** der Künstler Elmgreen und Dragset wurde 2008 eingeweiht.

★1 [J5] **Denkmal für die im Nationalsozialismus verfolgten Homosexuellen**

5 Holocaust-Mahnmal ★★★ [J5]

Auf 19.000 Quadratmetern erstreckt sich das Denkmal für die ermordeten Juden Europas, auch Holocaust-Mahnmal genannt. Das 2005 feierlich eingeweihte Stelenfeld des New Yorker Architekten Peter Eisenman ist die zentrale deutsche Gedenkstätte für die sechs Millionen jüdischen Opfer des nationalsozialistischen Terrors.

017be-kj

Auf dem unregelmäßig abgesenkten Gelände fügen sich 2711 unterschiedlich hohe Stelen zu einem von allen Seiten begehbaren Erfahrungsraum, der allerdings ohne Erklärung bleibt. Denn „Ausmaß und Maßstab des Holocaust machen jeden Versuch, ihn mit traditionellen Mitteln zu repräsentieren, zu einem aussichtslosen Unterfangen", so Eisenman 1998. Ergänzend widmet sich in der Südostecke des Stelenfelds der unterirdische „Ort der Information" dem Leben und Schicksal der Opfer.

- S1, S2, U55 Brandenburger Tor, Bus M85
- **Stelenfeld,** rund um die Uhr frei zugänglich
- **Ort der Information,** April–Sept. Di.–So. 10–20 Uhr, Okt.–März Di.–So. 10–19 Uhr, Eintritt frei

6 Sowjetisches Ehrenmal ★ [J5]

Seit 1945 erhebt es sich unmittelbar westlich vom Brandenburger Tor 1 an der Straße des 17. Juni. Es erinnert an die Millionen Menschen, die

Das Denkmal für die ermordeten Juden Europas ist Mahnmal und Versöhnungszeichen zugleich

durch den deutschen Eroberungskrieg in der Sowjetunion ums Leben kamen, und ehrt die etwa 20.000 Soldaten der Roten Armee, die im Kampf um Berlin fielen. Schätzungsweise 2500 gefallene Rotarmisten liegen auf dem Gelände begraben, das sich während der Teilung Berlins als sowjetische Exklave im britischen Sektor befand. Nach der Wiedervereinigung wurde das Ehrenmal an die Stadt Berlin übergeben.

› S1, S2, U55 Brandenburger Tor, Bus M85, 100

7 Reichstag ★★★ [J5]

Neben dem Brandenburger Tor ist der 1884–1894 nach Entwürfen von Paul Wallot errichtete Neorenaissancepalast die wohl bekannteste und am meisten besuchte Sehenswürdigkeit der Stadt.

1884 legte Kaiser Wilhelm I. persönlich den Grundstein. Ein Jahrzehnt später eröffnete das mit einer mächtigen Kuppel geschmückte Parlamentsgebäude und wurde seitdem zum Zeugen entscheidender Wechselfälle der

225be-kj

EXTRAINFO

Besuch der Reichstagskuppel rechtzeitig anmelden!

Um die Reichstagskuppel zu besichtigen, ist eine **vorherige Anmeldung zwingend nötig.** Sie kann bis zu zwei Monate im Voraus getätigt werden und sollte spätestens drei Tage vor dem gewünschten Besuchstermin erfolgt sein. **Spontanentschlossene** haben die Möglichkeit, sich bei der Serviceaußenstelle des Besucherdiensts (Südseite Reichstagsgebäude neben dem Berlin-Pavillon, tgl. 8–20 Uhr, Nov.–März nur bis 18 Uhr, stets lange Warteschlange) auf gut Glück anzumelden. Sollten noch Platzkapazitäten vorhanden sein, erhält man sein Ticket entweder noch für den selben oder für einen der beiden nachfolgenden Tage.

› **Anmeldung online:** www.bundestag.de/besuche/kuppel-dachterrasseunddachgartenrestaurant
› **Fax:** 030 22736436
› **Post:** Deutscher Bundestag, Besucherdienst, Platz der Republik 1, 11011 Berlin
› tgl. 8–24 Uhr, letzter Einlass 21.45 Uhr, Eintritt frei

deutschen Geschichte: Im Kriegsjahr 1916 brachte man am Giebel über dem Säulenportal an der Westfassade die Inschrift „Dem deutschen Volke" an. Nach dem Untergang des Kaiserreichs zum Ende des Ersten Weltkriegs rief Philipp Scheidemann am 9. November 1918 von einem Balkon am Westportal die Republik aus. Im Monat nach Hitlers Ernennung zum Reichskanzler ging das Hohe Haus am 27. Februar 1933 im „Reichstagsbrand" in Flammen auf. Am 30. April 1945 hissten nach erbittertem Kampf um Berlin zwei Rotarmisten auf der Reichstagskuppel die sowjetische Fahne. 1954 wurde die stark beschädigte Kuppel gesprengt und 1957 der Wiederaufbau des kriegszerstörten Gebäudes beschlossen – nun ohne Kuppel und innen schlicht, als Sitz eines gesamtdeutschen Parlaments im Falle der Wiedervereinigung. 1971 war die Rekonstruktion fertiggestellt und fortan stand der Reichstag, an dessen Ostfassade 1961–1989 die Mauer verlief, „oben ohne" da.

EXTRATIPP

Zum Gedenken an die ermordeten Sinti und Roma

Im Grünstreifen zwischen Reichstag und Brandenburger Tor versinnbildlicht ein kreisrundes, mit dunklem Wasser gefülltes Becken nach dem Entwurf des israelischen Künstlers Dani Karavan einen „endlos tiefen" Grund: Symbol des Lebens, der Trauer und der Erinnerung an die rund 500.000 Sinti und Roma, die im Nationalsozialismus ermordet wurden.

★2 [J5] **Denkmal für die im Nationalsozialismus ermordeten Sinti und Roma Europas,** S1, S2, U55 Brandenburger Tor

Am 3. Oktober 1990 fanden in seinen altehrwürdigen Mauern die Feierlichkeiten zur **Wiedervereinigung** statt, im Juni 1991 folgte der Bundestagsbeschluss, den Regierungssitz von Bonn nach Berlin zu verlegen. Zu Christos und Jeanne-Claudes spektakulärer **Reichstagsverhüllung** vier Jahre später feierte man noch einmal einen Sommer lang rund um den Reichstag, bevor sich das Gelände in eine riesige Baustelle verwandelte. Bis 1999 wurde der Wallot-Bau komplett entkernt und nach Plänen des britischen Architekten Lord Norman Foster mit einer gläsernen Kuppel neu aufgebaut. Am 23. Mai 1999 hielt man im historischen Reichstag und neuen Bundestag zur Wahl des Bundespräsidenten die erste Sitzung ab. Seitdem versammelt sich das Bundestagsplenum unter der lichtdurchfluteten Glaskuppel, die längst ein berühmtes Berliner Wahrzeichen ist.

Ein Besuch der **Reichstagskuppel** zählt in doppelter Hinsicht zu den Sightseeinghöhepunkten. Man genießt einen fantastischen Rundumblick auf die Dächer der Stadt, ebenso auf die Volksvertreter, die unterhalb im Plenarsaal ihre Debatten austragen.

› S1, S2 Brandenburger Tor, U55 Bundestag, Bus M85 und 100

› **Reichstagsgebäude/Deutscher Bundestag,** Platz der Republik

8 Parlamentsgebäude ★ [J4]

In Nachbarschaft zum Reichstag entstanden bis Ende 2003 drei große Blöcke mit Arbeitsräumen für die Bundesverwaltung, Ausschüsse und Parlamentarier: östlich vom Bundestag das **Jakob-Kaiser-Haus**, am jenseitigen Spreeufer das **Marie-Elisabeth-Lüders-Haus** und nördlich vom

320be-fo©pixelklex

Reichstag das **Paul-Löbe-Haus.** Die Gebäude sind unterirdisch miteinander verbunden, um den Volksvertretern den raschen Wechsel vom Plenum in die Ausschüsse und ihre Büros zu ermöglichen. Überirdisch sind Marie-Elisabeth-Lüders- und Paul-Löbe-Haus Bestandteile des 1992 von den Berliner Architekten Axel Schultes und Charlotte Frank so konzipierten **„Band des Bundes"**. Über die Spree und den ehemaligen Mauerverlauf hinweg verbindet es West und Ost miteinander.

› U55 Bundestag, Bus M85, 100

9 Bundeskanzleramt ★★ [I4]

1997 erfolgte der erste Spatenstich, 2001 wurde der von Schultes und Frank entworfene Monumentalkubus eingeweiht. Mit über 64.000 Quadratmetern Bruttogeschossfläche zählt das Bundeskanzleramt zu den größten Regierungsgebäuden der Welt.

› U55 Bundestag, Bus M85, 100

10 Unter den Linden ★★★ [K5]

Die märkischen Sandböden sind daran schuld, dass Berlins Prachtboulevard nicht „Unter den Nüssen" heißt. 1647 ließ der Große Kurfürst vom Stadtschloss zum Tiergarten einen Reitweg anlegen und ihn mit Linden und Nussbäumen säumen. Die Nüsse mochten den kargen Boden nicht, die Linden dagegen sind geblieben und inspirierten Walter Kollo in den 1920er-Jahren zum Gassenhauer: „Solang noch Untern Linden die alten Bäume blühn, kann nichts uns überwinden. Berlin bleibt doch Berlin!"

Hier arbeitet der Bundestag: das Marie-Elisabeth-Lüders-Haus an der Spree im Herzen Berlins

Vom Pariser Platz zum Forum Fridericianum

Den Abschnitt zwischen Wilhelm- und Glinkastraße dominiert auf der Südseite der Linden die 1950–1953 errichtete **Botschaft der Russischen Föderation.** Von dort nur ein paar Schritte in die Glinkastraße hinein, ist die **Komische Oper** (s. S. 97) erreicht. Von der schlichten Nachkriegsfassade darf man sich nicht über ihr elegantes Inneres hinwegtäuschen lassen. Eine Gedenktafel erinnert an einen der großen Theatermacher des 20. Jahrhunderts: Walter Felsenstein, der die Komische Oper 1947 gründete und ihr bis 1975 als Intendant und Chefregisseur vorstand. Nördlich, an der Neustädtischen Kirchstraße/Ecke Unter den Linden, schließt sich an das **Haus Pietsch** mit dem sachlich designten Café Einstein der 1910/11 errichtete **Zollernhof** an. Das mit einer Fassade von Bruno Paul versehene Gebäude war der erste Berliner Repräsentationsbau, bei dem man auf üppige Historisierungen verzichtete. Zugleich war es eines der ersten reinen Bürohäuser der Stadt. 1951–1990 beherbergte es den Zentralrat der Freien Deutschen Jugend (FDJ). Seit 2000 ist der Zollernhof Sitz des ZDF-Hauptstadtstudios.

› S1, S2, U55 Brandenburger Tor, Bus TXL, 100, 200

11 Altes Palais ★ [K5]

Studieren in der historischen Lebens- und Wirkungsstätte von Kaiser Wilhelm I.: 1834–1837 wurde das klassizistische Stadtpalais für den damaligen preußischen Prinzen und später ersten deutschen Kaiser errichtet. In den 1880er-Jahren zeigte sich seine Majestät gerne am Fenster, was das Palais in ganz Preußen bei den Untertanen bekannt machte. 1943 zerstört und danach wieder aufgebaut, dient es seither der Humboldt-Universität als Stätte des Wissens.

12 Staatsbibliothek ★ [K5]

Als an der Wende zum 20. Jh. die Alte Bibliothek mit einem Bestand von rund 1,2 Mio. Büchern auseinanderzuplatzen drohte, baute man 1903–1914 nach Plänen Ernst Eberhard von Ihnes eine neue Bibliothek. Heute ist sie – mit den Beständen

018be-kj

der Neuen Staatsbibliothek West 83 am Kulturforum zur „Staatsbibliothek preußischer Kulturbesitz zu Berlin" vereint – die größte wissenschaftliche Bibliothek im deutschsprachigen Raum.

13 Forum Fridericianum ★★★ [L5]

Rund um den heutigen Bebelplatz sollte nach dem Willen Friedrichs des Großen ein Geisteszentrum und künstlerischer Mittelpunkt Preußens mit zahlreichen Prunkbauten entstehen. Wenn das monumentale Projekt auch ein Torso blieb, vier Gebäude wurden in der 46-jährigen Regierungszeit des Königs verwirklicht, die seither mit zu den schönsten Sehenswürdigkeiten Unter den Linden zählen: die St.-Hedwigs-Kathedrale, die Deutsche Staatsoper Unter den Linden, die Alte Bibliothek und die Humboldt-Universität.

› Bus TXL, 100, 200

14 Humboldt-Universität ★★ [L5]

1748 war Baubeginn für die Stadtresidenz des Bruders Friedrichs des Großen, Prinz Heinrich von Preußen. Die Pläne für das ehemalige **Prinz-Heinrich-Palais** und heutige Hauptgebäude der Humboldt-Universität lieferte Johann Boumanns d. Ä., der auch die Bauleitung übernahm. Nach Unterbrechung der Arbeiten durch den Siebenjährigen Krieg konnte das spätbarocke Prinzendomizil 1766 fertiggestellt werden. Kaum ein halbes Jahrhundert später diente es bereits der Berliner Universität, die 1809 der preußische Bildungsreformer Wilhelm von Humboldt ins Leben rief. Erster Uni-Direktor war der große Philosoph des deutschen Idealismus, Johann Gottlieb Fichte.

Die Wiedererrichtung des traditionsreichen Universitätsgebäudes nach der Zerstörung im Zweiten Weltkrieg erfolgte ab 1946. Seitdem trägt die Alma Mater nach ihrem Gründer den Namen **Humboldt-Universität.**

321be-fo©rumifaz

Reiterstandbild Friedrichs des Großen 15 Unter den Linden

Blick vom Berliner Dom auf die Straße Unter den Linden, im Hintergrund die Türme am Potsdamer Platz

15 Reiterstandbild Friedrichs des Großen ★★★ [K5]

Mitten auf der Straße Unter den Linden reitet der Alte Fritz. Das dreizehn Meter hohe Reiterstandbild, 1839–1851 von Christian Daniel Rauch geschaffen, machte im Laufe der Jahrhunderte allerlei mit. Die Steigbügel klaute man ihm und 1950 landete der König, samt Pferd in Einzelteile zerlegt, im Potsdamer

Schlosspark von Sanssouci. Mit der Rückbesinnung der DDR-Führung auf Berlins preußische Tradition fand die Figur 1980 auf ihren dann um einige Meter verschobenen Sockel Unter den Linden zurück und steht, in den 1990er-Jahren restauriert und abermals um acht Meter versetzt, nun wieder an ihrem ursprünglichen Ort.

16 Alte Bibliothek ★★ [K5]

Das 1775–1780 errichtete Gebäude – von den Berlinern wegen seiner geschwungenen Form auch „Kommode" genannt – fungierte bis zum Umzug 1914 ins neue Haus als Preußische Staatsbibliothek. Der Entwurf stammt aus der Feder von Georg Christian Unger, und zwar auf Grundlage eines um 1725 geschaffenen Plans des österreichischen Baumeisters Joseph Emanuel Fischer von Erlach. Deshalb ist es kein Zufall, dass die Alte Bibliothek an der Westflanke des Bebelplatzes ein bisschen dem Michaelertrakt der Wiener Hofburg ähnelt. Kurioserweise war die Berliner Kopie sogar früher fertiggestellt als das Wiener Original. Heute befindet sich hier die Juristische Fakultät der Humboldt-Universität.

17 Versunkene Bibliothek ★★ [L5]

Seit 1995 liegt sie im Verborgenen im Zentrum des kopfsteingepflasterten Bebelplatzes. Eine in den Boden eingelassene Glasscheibe gewährt Einblick in die vom israelischen Künstler Micha Ullman geschaffene Stätte: ein leerer weißer Raum mit leeren weißen Regalen, in denen 20.000 Bücher Platz fänden.

So erinnert die Versunkene Bibliothek an die Bücherverbrennung durch die Nationalsozialisten, die am 10. Mai 1933 auf dem damals noch Opernplatz genannten Geviert stattfand. Die großartigsten Werke zahlreicher Dichter und Denker gingen, als „undeutsch" verfemt, in Flammen auf. 1947 wurde der Platz nach dem Mitbegründer der deutschen Sozialdemokratie, August Bebel, in Bebelplatz umbenannt.

18 St.-Hedwigs-Kathedrale ★★ [L5]

Sie ist unschwer an ihrer imposanten, vierzig Meter im Durchmesser zählenden Kuppel zu erkennen. 1747–1773 im Stil des römischen Pantheons für die eingewanderten katholischen Schlesier erbaut, fungiert St. Hedwig seit 1930 als Kathedrale der Erzdiözese Berlin. Das schlichte Innere stammt aus der Zeit nach dem Wiederaufbau 1952–1963.

19 Deutsche Staatsoper Unter den Linden ★★★ [L5]

Mit der damaligen „Königlichen Oper" schuf Georg Wenzeslaus von Knobelsdorff 1741–1743 einen Superlativ: Das einem korinthischen Tempel nachempfundene Haus war die erste nicht in ein Schloss integrierte, sondern als Baukörper frei stehende Spielstätte Deutschlands. Zahlreiche illustre Namen standen ihren Orchestern vor, von Felix Mendelssohn-Bartholdy über Giacomo Meyerbeer und Richard Strauss bis heute Daniel Barenboim. Doch zunächst ereilte das Gebäude das Schicksal vieler anderer Theaterstätten jener Zeit vor Erfindung des elektrischen Lichts. Genau hundert Jahre nach ihrer Errichtung brannte die Linden-Oper 1843 bis auf die Grundmauern ab. Anschließend wurde sie von Carl Ferdi-

▷ Typisch klassizistisch: Säulen und Giebelrelief an der Neuen Wache 20

nand Langhans wieder aufgebaut. Im Zweiten Weltkrieg restlos zerstört, ist ihre originalgetreue Rekonstruktion 1952–1955 dem Architekten Richard Paulick zu verdanken – so wie die zahlreicher weiterer historischer Gebäude Unter den Linden.

20 Neue Wache ★★★ [L5]

Sie ist das früheste Bauwerk Karl Friedrich Schinkels in Berlin und zugleich ein Hauptwerk des deutschen Klassizismus. 1816–1818 schuf sie der große Baumeister Preußens nach dem Vorbild eines römischen Kastells. Bis zum Ende der Monarchie 1918 war in dem grazilen Gebäude mit den sechs dorischen Säulen die königliche Wache untergebracht. Danach begann seine Karriere als Mahnmal: zunächst Ehrenmal für die Gefallenen des Ersten Weltkriegs, ab 1960 Mahnmal für die Opfer des Faschismus und Militarismus und seit 1993 Zentrale Gedenkstätte der Bundesrepublik für die Opfer von Krieg und Gewaltherrschaft. Das nackte Innere schmückt im Zentrum eine Kopie der berühmten Pietà von Käthe Kollwitz.

› Bus 100, 200
› tgl. 10–18 Uhr, freier Eintritt

21 Zeughaus/Deutsches Historisches Museum ★★★ [L5]

Das schönste erhaltene Barockgebäude Berlins wurde 1695–1730 von den bedeutendsten preußischen Architekten erbaut und fungierte bis zur Reichsgründung 1871 als Waffen- und Munitionsdepot. Umso eindringlicher wirken deshalb die von Andreas Schlüter stammenden **22 Masken sterbender Krieger** im Lichthof, deren Gesichtszüge so schmerzlich die Verwundbarkeit des Menschen anmahnen. Ab 1877 wurde der Barockbau in eine „Ruhmeshalle der brandenburgisch-preußischen Armee" umgewandelt, nach 1933 marschierten hier die Nazihorden auf, 1944/45 ging das Gebäude bei alliierten Bombenangriffen in Flammen auf.

Mit der Vollendung des Wiederaufbaus 1952 erhielt das Zeughaus mit dem Museum für Deutsche Geschichte seine neue Bestimmung und erklärte die Geschichte der Deutschen im marxistisch-leninistischen Lichte. 1990 übernahm die bundesrepublikanische Interpretation der Ereignisse, das **Deutsche Historische Museum**, die Räumlichkeiten und zeigt nach umfassenden Restaurierungs-

256be-nw

257be-fo © Henry Czauderna

arbeiten seit 2006 mit einer Ausstellung die deutsche Geschichte.

An der Zeughaus-Nordflanke erhebt sich seit 2003 der lichtdurchflutete, moderne Erweiterungsbau des chinastämmigen New Yorker Stararchitekten Ieoh Ming Pei.

› S Hackescher Markt, Bus 100, 200, TXL
› **Deutsches Historisches Museum** (Zeughaus und Pei-Bau), www.dhm.de, Tel. 203040, tgl. 10–18 Uhr, Eintritt 8 €, erm. 4 €. Menschen bis 18 Jahre frei. Der Lichthof (Schlüter-Hof) kann kostenlos besichtigt werden. Zum Pei-Bau gelangt man entweder über das Zeughaus oder durch den Haupteingang der neuen Ausstellungshalle, Hinter dem Gießhaus 3.

Das Zeughaus 21 beherbergt heute das Deutsche Historische Museum

22 Prinzessinnenpalais ★★ [L5]

Die Ursprünge des Barockpalais gehen auf 1733 zurück. 1810/11 ließ es König Friedrich Wilhelm III. um einen Kopfbau mit repräsentativer Fassade erweitern und durch einen Übergang über die Oberwallstraße hinweg mit seinem Stadtdomizil, dem Kronprinzenpalais, verbinden. Nach der Zerstörung im Zweiten Weltkrieg wurde das Gebäude 1962–1964 von Richard Paulick komplett rekonstruiert. Unter dem Namen „Opernpalais" und vor allem dank der leckeren Torten im dortigen Operncafé erlangte es große Beliebtheit. Ab Sommer 2018 wird in seinen Mauern die KunstHalle der Deutschen Bank Gegenwartskunst präsentieren.

› www.deutsche-bank-kunsthalle.de
› Bus 100, 200

23 Kronprinzenpalais ★★ [L5]

Das ursprünglich 1663 erbaute Haus wurde 1732 für Kronprinz Friedrich in ein Stadtpalais umgewandelt. 1859 erblickte hier der letzte deutsche Kaiser, Wilhelm II., das Licht der Welt, 1920 zog die Abteilung Moderne Kunst der Nationalgalerie ein, im Zweiten Weltkrieg fiel das Gebäude in Schutt und Asche. Da von ihm keine Pläne mehr existierten, wurde es 1968/69 von Richard Paulick nach alten Stichen mühevoll rekonstruiert und diente dann als Gästehaus des DDR-Ministerrats. 1990 wurde im Kronprinzenpalais der deutsch-deutsche Einigungsvertrag unterzeichnet.

› Bus 100, 200

24 Stadtkommandantur ★ [L5]

Kein einziger Stein war 1945 von ihr übrig geblieben und jahrzehntelang klaffte anstelle der gegen 1650 errichteten, später klassizistisch umgestalteten Kommandantur eine Lücke. 1999 begannen die Bauarbeiten zur neuen alten Stadtkommandantur für die Bertelsmann AG. 2003 wurde die Berlin-Repräsentanz des Medienkonzerns an der vornehmen Adresse Unter den Linden 1 eingeweiht.

› Bus 100, 200

25 Schinkelsche Bauakademie ★ [L5]

In seiner Verbindung von Funktionalität, Konstruktion und Materialästhetik war der von Karl Friedrich Schinkel entworfene Ziegelsteinbau maßgebend für die moderne Architektur. 1832–1836 errichtet und im Zweiten Weltkrieg beschädigt, wich er 1962 dem Neubau des DDR-Außenministeriums – das 1995 ebenfalls wieder abgerissen wurde. Seit 2004 zeigt eine Attrappe, um welches Stück glänzende Architektur Berlin reicher wäre. 2017 fiel schließlich der Startschuss für die Wiedererrichtung der Architektur-Ikone. 2023 soll Einweihung sein.

› Bus 100, 200

26 Friedrichswerdersche Kirche ★★★ [L5]

Das 1824–1830 nach Schinkel-Plänen erbaute und 1982–1987 rekonstruierte Gotteshaus war die erste neugotische Kirche der Stadt. Als Teil der Nationalgalerie beherbergte sie Bildhauerkunst des deutschen Klassizismus, v.a. Werke der Berliner Meister Johann Gottfried Schadow und Christian Daniel. 2012 musste sie schließen; durch den Neubau von Luxuswohnungen keine zehn Meter entfernt sackte das Kirchenschiff ab. Die Schäden sind möglicherweise irreversibel, und ob die Friedrichswerdersche Kirche – Hauptwerk der deutschen Neugotik – erhalten werden kann, ist ungewiss.

› Bus 100, 200

› **bis auf Weiteres geschlossen**

27 Schlossbrücke ★★ [L5]

„Hundebrücke" hieß die hölzerne Zugbrücke zwischen Spreeinsel und Festland in den Tagen des Großen Kurfürsten im 17. Jh., weil man hier die Hundemeute für die herrschaftliche Jagd im Tiergarten versammelte. Hundebrücke wurden auch ihre Nachfolgebauten genannt, bis im Jahr 1822 die Grundsteinlegung zur steinernen neuen Brücke nach Schinkel-Plänen stattfand. 1824 fertiggestellt, heißt sie seitdem Schlossbrücke. Die acht von Schinkel entworfenen Figurengruppen entstanden zwischen 1842 und 1857.

› Bus 100, 200

344be-kj

28 Museumsinsel – die Akropolis von Spree-Athen ★★★ [L4]

König Friedrich Wilhelm IV. rief die nördliche Spreeinselhälfte zur „Freistätte für Kunst und Wissenschaft" aus und ließ dort eines der ersten für die Öffentlichkeit zugänglichen Museen Deutschlands errichten. In über hundert Jahren entstanden insgesamt fünf herausragende Museumsbauten. Eine Tempelstadt für die Musen, deren Mauern 6000 Jahre Kunst und Kultur der Menschheitsgeschichte beherbergen. 1999 wurde die Museumsinsel zum Weltkulturerbe erklärt.

Das Alte Museum wird als eines der schönsten Museen Europas gerühmt und zählt zu Schinkels prachtvollsten Bauwerken in Berlin

Museumsinsel, praktische Hinweise

- **Adresse:** Bodestraße 1–3, Berlin-Mitte
- **Verkehrsanbindung:** S Hackescher Markt, Bus TXL, 100, 200
- **Hauskarten** für Bode-Museum 33, Neues Museum 31 und Pergamonmuseum 34 kosten 12 €, erm. 6 €; für die Alte Nationalgalerie 32 und das Alte Museum 29 10 €, erm. 5 €. Eine **Tageskarte,** die an einem Tag zum Eintritt in alle Museen auf der Museumsinsel berechtigt, erhält man für 18 €, erm. 9 €. Für Menschen unter 18 Jahren sowie Sozialgeld- und Arbeitslosengeld-II-Bezieher ist der Eintritt kostenlos.
- **Infos** beim Besucherservice-Tel. 266424242 (Mo.–Fr. 9–16 Uhr) und auf der Website www.smb.museum

EXTRAINFO

Besondere Einlass-Regelungen

Bei spektakulären Sonderausstellungen mit großem Andrang können je nach Museum unterschiedliche Zeitfenster-Verfahren zur Anwendung kommen.

› Info-Tel. 266424242 (Mo.-Fr. 9-16 Uhr), www.smb.museum

29 Altes Museum ★★★ [L4]

Ab 1823 wurde das damalige „Königliche Museum" nach Plänen Karl Friedrich Schinkels als erster Museumsbau auf der Insel gebaut (den Namen „Altes Museum" erhielt es erst nach der Errichtung des Neuen Museums Mitte des 19. Jahrhunderts). Mit einer säulengeschmückten Vorhalle, einer durch das römische Pantheon inspirierten großen Rotunde und der repräsentativen Treppenanlage galt es seinerzeit als sensationell. Hatte man solche Formgebung doch bis dato nur als Herrschaftsarchitektur angetroffen. Und dieses Werk, 1830 eröffnet, wurde nun – als eines der ersten Museen in Deutschland – für das allgemeine Volk zugänglich!

Den Zweiten Weltkrieg überdauerte das Meisterwerk des Klassizismus nur schwer beschädigt, 1958 begannen die Rekonstruktionsmaßnahmen, 1966 war der Wiederaufbau vollbracht.

Das Haus zeigt die **Antikensammlung** mit griechischer Kunst von der kretischen bis zur hellenistischen Epoche sowie Kunst der Etrusker und Römer. Sehenswert ist auch die von antiken Statuen gesäumte Rotunde.

› **Geöffnet:** Di.-So. 10-18 Uhr, Do. bis 20 Uhr

30 Lustgarten ★★ [L5]

Er dehnt sich vor dem Alten Museum aus und war ursprünglich ein Küchen- und Kräutergarten am Stadtschloss. 1646 zum Lustgarten umgestaltet, musste er Ende des 17. Jahrhunderts auf Befehl von Soldatenkönig Friedrich Wilhelm I. einem öden Exerzierplatz weichen und wurde nach der Fertigstellung des Alten Museums 1830 vom Gartenbaumeister Peter Joseph Lenné neu angelegt. Ein knappes Jahrhundert später räumten ihn die Nazis wieder ab, da sie das Gelände für pompöse Aufmärsche brauchten.

1998 wurde dann wieder Rasen ausgerollt. Seither gedeiht in Anlehnung an den alten Lenné-Entwurf anstelle von Pflasterstein wieder Grün.

227be-kj

31 Neues Museum ★★★ [L4]

Als das Alte Museum schon zehn Jahre nach seiner Eröffnung vor lauter Kunst aus den Nähten platzte, begann Anfang der 1840er-Jahre unter dem Schinkel-Schüler Friedrich August Stüler die Planung für ein neues Museum. 1841 wurden die ersten Gründungspfähle gerammt, ab 1847 folgte die Innenausmalung, 1854 war der zweite Tempel der Künste auf der Museumsinsel vollendet.

Gegen Ende des Zweiten Weltkriegs zerstörten ihn Feuer- und Sprengbomben so stark, dass er die nächsten vierzig Jahre als Ruine dastand. 1985 begannen die Sicherungsarbeiten, die bis 1994 andauerten. Drei Jahre darauf beauftragte die Stiftung Preußischer Kulturbesitz den Londoner Architekten David Chipperfield mit dem Wiederaufbau. 2003 begannen die Bauarbeiten, im September 2007 wurde Richtfest gefeiert.

Seit der Wiedereröffnung im Herbst 2009 präsentiert das Neue Museum das **Ägyptische Museum und Papyrussammlung** mit Werken des alten Ägyptens vorwiegend aus der Zeit um 1400 v. Chr. und im südlichen Kuppelsaal den Star der Sammlung: die **weltberühmte Büste der Königin Nofretete.** Es ist zweiter Standort für die Antikensammlung und beherbergt außerdem das **Museum für Vor- und Frühgeschichte**, das über 100.000 archäologische Zeugnisse der Alten Welt von der Steinzeit bis ins Mittelalter ausstellt.

› **Geöffnet:** tgl. 10–18, Do. bis 20 Uhr

▷ *Das Bode-Museum thront auf der Nordspitze der Museumsinsel*

32 Alte Nationalgalerie ★★★ [L4]

Das nach Art eines korinthischen Tempels 1866–1876 errichtete Museum folgte als dritter Bau auf der Museumsinsel. Abermals zeichnete Friedrich August Stüler für die Entwürfe verantwortlich. Doch die Realisierung konnte er nicht mehr erleben – er starb im Jahr vor dem ersten Spatenstich.

Bis zum nationalsozialistischen Bildersturm präsentierte die Alte Nationalgalerie neben Malerei des 18. und 19. Jh. eine der weltweit bedeutendsten Sammlungen der Moderne. Deren Exponate wurden teils zur unheilvollen Ausstellung „Entartete Kunst" nach München geschafft und anschließend verschleudert, ein anderer Teil ging während der Auslagerung im Zweiten Weltkrieg in Flammen auf.

Ein großer Bestand **deutscher und internationaler Malerei des 19. und frühen 20. Jh.** konnte dagegen gerettet werden und ist heute wieder an seinem angestammten Ort ausgestellt.

› **Geöffnet:** Di.–So. 10–18 Uhr, Do. bis 20 Uhr

33 Bode-Museum ★★★ [L4]

Das vierte Bauwerk auf der Museumsinsel erhebt sich im Stil des späten Historismus mit einer mächtigen Kuppel auf der nördlichen Inselspitze. 1897–1904 vom Hofarchitekten Ernst Eberhard von Ihne als „Kaiser-Friedrich-Museum" erbaut, wurde es nach seiner Rekonstruierung in den 1950er-Jahren nach dem Berliner Museenpapst und Erfinder des wissenschaftlichen Museumswesens, Arnold Wilhelm Bode, benannt. Nach einer umfassenden Restaurierung

254be-nw

konnte das Bode-Museum im Oktober 2006 wiedereröffnen. Die Säle beherbergen die **größte Skulpturensammlung Europas:** Bildhauerkunst, Schnitzereien und Retabeln vom europäischen Mittelalter bis 1800, darunter so wertvolle Stücke wie die Lindenholzskulpturen von Tilman Riemenschneider oder Werke des florentinischen Bildhauers der Frührenaissance Donatello.

Das **Museum für Byzantinische Kunst** präsentiert erstrangige Sammlungen spätantiker weströmischer Kunst sowie byzantinische Werke aus Konstantinopel und dem Byzantinischen Reich vom 4. bis zum 15. Jahrhundert.

Die **Münzsammlung** unter dem Dach des Bode-Museums darf sich rühmen, die größte der Welt zu sein.

› **Geöffnet:** Di–So. 10–18 Uhr, Do. bis 20 Uhr

34 Pergamonmuseum ★★★ [L4]

Dem Engagement Bodes ist schließlich auch das fünfte und jüngste Museum auf der Insel zu verdanken. Um die zahlreichen Ausgrabungen deutscher Altertumsforscher aufzunehmen, drängte er auf die Errichtung eines weiteren Gebäudes. So entstand mit mehrfachen Unterbrechungen 1910–1930 zwischen Neuem Museum und Bode-Museum die von Alfred Wessel und Ludwig Hoffmann entworfene Dreiflügelanlage. Unter ihrem Dach vereint sie das Vorderasiatische Museum, das Museum für Islamische Kunst sowie die Architektursäle und den Skulpturentrakt der Antikensammlung.

Großartigstes Exponat in der **Antikensammlung** ist der im letzten Drittel des 19. Jahrhunderts wieder

EXTRAINFO

Ausweichquartier

Bis 2023 wird das Pergamonmuseum umfassend saniert. Die Antikensammlung ist solange im benachbarten Alten Museum 29 untergebracht, der Saal mit dem berühmten **Pergamonaltar** bleibt über die Bauzeit hinweg geschlossen. Teile des Altars kann man ab Frühjahr 2018 in einem **temporären Ausstellungsneubau** gegenüber dem Museum bewundern. Der Neubau wird komplettiert durch das **Pergamon-Panorama** des Künstlers Yadegar Asisi, das die antike Stadt Pergamon in Form eines imposanten 360°-Rundbilds wieder aufleben lässt. Der Südflügel des Pergamonmuseums mit Ischtar-Tor, Prozessionsstraße und Markttor von Milet sowie das Museum für Islamische Kunst sind weiterhin geöffnet.

aufgefundene, um 170 v. Chr. im kleinasiatischen Pergamon errichtete, monumentale Pergamonaltar. Zu den aufsehenerregenden Rekonstruktionen der Antikensammlung zählt außerdem das aus dem 2. Jahrhundert stammende, fast dreißig Meter hohe römische Markttor von Milet, das man 1903 bei Grabungen fand. Glanzstücke des **Vorderasiatischen Museums** sind die prunkvolle Prozessionsstraße in Babylon (um 580 v. Chr.), das Ischtar-Tor und die Thronsaalfassade von König Nebukadnezar II. (604–562 v. Chr.).

Im **Museum für Islamische Kunst** gehört die Fassade des jordanischen Wüstenschlosses von Mschatta aus dem 8. Jahrhundert zu den besonderen Höhepunkten.

› **Geöffnet:** tgl. 10–18 Uhr, Do. bis 20 Uhr, Eintritt 12 €, erm. 6 €, ab Eröffnung des temporären Neubaus 19 €, erm. 9,50 €

Rund um den Schlossplatz

35 Berliner Dom ★★★ [L4]

Der wuchtige, neubarocke Granit- und Sandsteinbau ist das größte evangelische Gotteshaus Deutschlands. 1894–1905 wurde es als Hof- und Domkirche der Hohenzollern nach einem Entwurf von Julius Carl Raschdorff anstelle von Vorgängern errichtet, mit Tauf- und Traukirche sowie der goldverbrämten **Predigtkirche** unter einer 74 Meter hohen Kuppel im Zentrum.

Zur wertvollen Innenausstattung der Hauptkirche zählen die vergoldete Altarwand von Karl Friedrich Schinkel, davor der 1850 von Friedrich August Stüler geschaffene Altartisch aus weißem Marmor sowie das Marmortaufbecken von Christian Daniel Rauch, das zwischen 1819 und 1833 entstand. Gegenüber der Kaiserempore mit dem preußischen Königswappen stellt die 1905 eingeweihte **Orgel** des Hoforgelbaumeisters Wilhelm Sauer ein weiteres Prunkstück dar. Mit 7269 Pfeifen und 113 Registern ist sie die größte in Deutschland. Unterhalb der Orgelempore sind die barocken **Sarkophage** des Großen Kurfürsten Friedrich Wilhelm und seiner zweiten Gemahlin ausgestellt. Unter der Südempore lohnen die von Andreas Schlüter Anfang des 18. Jh. geschaffenen Särge des ersten preußischen Königspaars Friedrich I. und Sophie Charlotte den Blick.

Nebenan befindet sich der Eingang zur vergleichsweise schlichten **Tauf- und Traukirche**, deren wertvollstes Stück das Altargemälde Carl Begas' d. Ä. von 1820 ist. In ihrer Nachbarschaft steigt das vollständig aus Mar-

255be-nw

mor bestehende **Kaiserliche Treppenhaus** auf. Für das gemeine Volk war dagegen die schmucklose „Beamtentreppe“ gedacht, die heute zum **Dom-Museum** führt, das die annähernd hundertjährige Entstehungsgeschichte des Sakralbaus und seiner Vorgänger nacherzählt. Von dort geht es weitere 267 Stufen zum **Kuppelumgang** hinauf, von wo man einen herrlichen Blick auf die Berliner Dächer genießen kann. Tief unter dem Straßenniveau sind in der **Hohenzollerngruft**, der Krypta der einstigen Hofkirche, auf 1300 Quadratmeter Fläche über hundert Särge und Sarkophage aufgebahrt, in denen Angehörige, Fürsten und Könige der Hohenzollernfamilie ruhen.

Zu Kaisers Ehren: Wilhelminischer Pomp kennzeichnet die Monumentalarchitektur des Berliner Doms

› www.berlinerdom.de, tgl. 9–20 Uhr (Nov.–Ende März bis 19 Uhr), keine Besichtigung zu Gottesdiensten und Veranstaltungen. 7 €, erm. 5 €, unter 18 mit einem zahlenden Erwachsenen frei

EXTRATIPP

DDR-Museum

Direkt an der Spree, am Kai vor dem Schiffsanleger, wartet es mit zahllosen Sammlerstücken aus DDR-Zeiten auf. Überwiegend von ehemaligen DDR-Bürgern gespendet, lassen sie den Alltag in der Deutschen Demokratischen Republik – vom TV-Sandmann und Pionierausweis über Trabi und Brigadearbeiterschrank bis zum Campingglück an der Ostsee, von Plaste & Elaste über Intershops bis zum Überwachungssystem – auf engstem Raum noch einmal auferstehen. Ein Stück deutsche Geschichte zum Anfassen, lebendig und interaktiv (s. S. 88).

104be-©fs Förderverein Berliner Schloss, eldaco, Berlin

36 Berliner Stadtschloss, Palast der Republik, Humboldt-Forum ★ [L5]

Wo im Herzen der Spreeinsel bis Ende 2008 der Palast der Republik aus DDR-Zeiten stand, erhob sich bis zur Sprengung 1950 das monumentale **Berliner Stadtschloss.** Über 500 Jahre lang war das Schloss das Maß aller Dinge, die Koordinate, an der die Geschicke Berlins zusammenliefen.

Den Grundstein legte 1443 Friedrich II. Eisenzahn, dessen bescheidene Hütte Kurfürst Joachim II. kaum hundert Jahre später jedoch wieder einreißen ließ, um Platz für ein prachtvolles neues Renaissanceschloss zu schaffen. Zahlreiche gewaltige Erweiterungsarbeiten schlossen sich in den folgenden Jahrhunderten an. Nach der letzten großen Baumaßnahme 1706–1723 bedeckte der Hohenzollernpalast schließlich eine Fläche von fast 200 m Länge und 120 m Breite – womit er zum größten profanen Barockbau nördlich der Alpen avancierte. 1850 setzte man ihm noch eine majestätische Kuppel auf das Portal an der Westfassade und widmete sich fortan, bis zum Ende des Kaiserreichs 1918, nur noch dem prunkvollen Innenausbau.

Im Bombenhagel des Zweiten Weltkriegs wurde die Hohenzollernresidenz fast völlig zerstört, die Ruine nicht wieder aufgebaut und trotz internationaler Proteste 1950 als Inbegriff des preußischen Militarismus gesprengt. An ihrer Stelle wurde 1976 nach nur 32-monatiger Bauzeit der **Palast der Republik** eingeweiht: bis 1990 Sitz der DDR-Volkskammer und multifunktionales Kulturzentrum. 2006 begannen die Abrissarbeiten, Ende 2008 war der „Rückbau" vollbracht.

An seiner statt wächst seit 2013 für weit über eine halbe Milliarde Euro eine Rekonstruktion des alten Berliner Stadtschlosses unter dem Namen **Humboldt-Forum** empor. Nach einem Entwurf Franco Stellas wird es als Zentrum für Wissenschaft und Kultur die wissenschaftliche Sammlung der Humboldt-Universität beherbergen und außerdem – so nahe bei der Museumsinsel (s. S. 32) – dem zweiten großen Auftritt der Staatlichen Museen auf der Spreeinsel dienen. Nach Abschluss der Bauarbeiten werden die großen Bestände der Eth-

⌃ *Neubau mit Patina – als Humboldt-Forum wird das Berliner Stadtschloss (hier als Grafik) wieder aufgebaut*

Abschied von Erichs Lampenladen

„Erichs Lampenladen" nannte man den 180 m langen, mit orangefarbenen Glasfronten geschmückten Palast der Republik aufgrund seiner illustren Innenbeleuchtung. Nach der Wiedervereinigung 1990 gingen die Lichter aus und die heiß umstrittene Frage lautete: Abriss oder Instandsetzung? Denn wie viele 1970er-Jahre-Gebäude war der Palast massiv asbestbelastet.

Nachdem man 720 t Spritzasbest entfernt hatte, war nicht viel mehr als das Stahlskelett und rohes Mauerwerk übrig. Und so stand er da, als schaurig-schöne Ruine, und stieg in dieser Gestalt zum Kultobjekt auf. Künstler und Kreative nahmen sich seiner an und machten den „Palazzo Prozzo", wie man ihn auch nannte, zwischen verrosteten Stahlträgern und blinden Fensterscheiben zu einer der angesagtesten Off-Stätten für Kunst und Kultur in Berlin. Währenddessen trommelte der Förderverein Berliner Schloss für den originalgetreuen Wiederaufbau der historischen Hohenzollernresidenz auf dem Schlossplatz – und gewann schließlich den Kampf um die Besetzung der Berliner Mitte. Anknüpfend an einen Bundestagsbeschluss von 2002 bestätigte Anfang 2006 die große Mehrheit der Parlamentarier die Wiedererstehung der Preußenfeste im Retrolook.

Das Schicksal von Erichs Lampenladen war damit besiegelt. Im Frühjahr 2006 begannen die Abrissarbeiten.

229be-kj

nologischen Museen, die sich bisher in den Dahlemer Museen befanden, auf die Spreeinsel umziehen. Die Rohbauarbeiten waren im Dezember 2014 abgeschlossen; die Eröffnung soll Ende 2019 gefeiert werden.

Noch das ganze Jahr 2018 über lässt sich das Baugeschehen aus 21 Metern Höhe von der Aussichtsterrasse der blauen **Humboldt-Box** herab in Augenschein nehmen.

› Anfahrt: Bus TXL, 100, 200, Humboldt-Box geöffnet noch bis 30. November 2018, tgl. 10–19 Uhr, Eintritt frei

37 Staatsratsgebäude ★ [L5]

Seit 1964 flankiert das ehemalige Staatsratsgebäude der DDR südlich den Schlossplatz. In seine Fassade ist das Portal IV des Berliner Stadtschlosses eingefügt, von dem aus Karl Liebknecht 1918 die sozialistische Republik Deutschland ausrief. Das Gebäude ist Sitz der European School of Management and Technology.

Kultruine – der Palast der Republik kurz vor dem Abriss

Auferstanden aus Ruinen – von der Museumsinsel zum Alexanderplatz

„Auferstanden aus Ruinen, und der Zukunft zugewandt" – kaum irgendwo wurde die Nationalhymne der DDR augenfälliger in Szene gesetzt als zwischen Spreeinsel und Alexanderplatz. Anders als die Linden und die Museumsinsel wurde das Gebiet nach dem Zweiten Weltkrieg kaum rekonstruiert, sondern Neues entstand: das Zentrum von Berlin – Hauptstadt der DDR. Zwischen breiten Magistralen und repräsentativen Plattenbauten ist aber auch die romantische Seite nicht zu kurz gekommen: Noch kurz vor Ende der sozialistischen deutschen Republik bereicherte man das Hauptstadtzentrum um ein idyllisches Viertelchen Alt-Berlin an der Spree.

38 Nikolaiviertel ★★ [M5]

Das im Zweiten Weltkrieg zerstörte, nur aus ein paar Kopfsteinpflastergässchen bestehende Viertelchen wurde für die Ostberliner 750-Jahr-Feier 1987 aus Alt und Neu zusammengebaut. Dabei herausgekommen ist eine putzige Attraktion mit einer inzwischen stattlichen Auswahl an Alt-Berliner Restaurants und Andenkenläden. Die schönsten Gebäude wurden originalgetreu rekonstruiert, die Lücken dazwischen mit historisierenden Plattenbauten gefüllt, und mit dem **Knoblauchhaus** (s. S. 88) in der Poststraße 23 ist sogar noch ein Original zu bewundern.

Die 1759–1761 errichtete Stadtvilla der vornehmen Familie Knoblauch zählt zu den wenigen erhaltenen Bürgerhäusern des 18. Jahrhunderts in Berlin.

Auf eine kuriose Rekonstruktionsgeschichte blickt das 1762–1766 erbaute **Ephraim-Palais** (Poststraße 16, s. S. 88) zurück. Für die Erweiterung des Mühlendamms wurde das Rokoko-Gebäude 1935 in seine Einzelteile zerlegt und in Westberlin eingelagert. Dort überdauerte es den Krieg und gelangte 1983, in knapp 2500 Palais-Einzelpäckchen verschnürt, in einer spektakulären Austauschaktion zwischen Ost und West nach langem Streit über die Mauer zurück. Um wenige Meter versetzt feierte es anschließend am (fast) alten Standort seine Wiederauferstehung.

› S Alexanderplatz, U2, U5, U8 Alexanderplatz, U2 Klosterstraße, Bus M48, 100, 200, 248

39 Nikolaikirche ★★ [M5]

Die in ihren tiefsten Bauschichten spätromanische Feldsteinbasilika ist das älteste erhaltene sakrale Bauwerk Berlins. Um 1230 begann man mit ihrer Errichtung, bereits im Jahr 1380 hatte das dann zur spätgotischen Hallenkirche umgebaute Gotteshaus fast schon zu der Form gefunden, wie sie heute vor unseren Augen steht. Allerdings als Rekonstruktion (1981–1987), bei der auch der erst Ende des 19. Jahrhunderts hinzugefügte neugotische Doppelturmaufsatz Berücksichtigung fand.

Das Gotteshaus als Abteilung des Stadtmuseums präsentiert frühe Berliner Stadtgeschichte und als bedeutendes Baudenkmal vor allem sich selbst: seine 800-jährige Geschichte und historische Kostbarkeiten, darunter ein Zinntaufbecken von 1563.

370be-kj

› **Stadtmuseum Berlin – Nikolaikirche,** Nikolaikirchplatz, Tel. 24002162, www.stadtmuseum.de, tgl. 10–18 Uhr, Eintritt 5 €, ermäßigt 3 €, 1. Mi. im Monat frei

40 Rotes Rathaus ★ [M5]

Der Name ist keineswegs ideologisch gemeint. Die Fassade des 1861–1869 im Neorenaissancestil erbauten Rathauses schmückt roter Ziegelstein. Bis zur Zerstörung im Zweiten Weltkrieg diente es dem Berliner Magistrat. Nach dem 1958 abgeschlossenen Wiederaufbau war es Sitz des Ostberliner Magistrats, seit der Wiedervereinigung arbeitet in seinen Mauern der Gesamtberliner Senat, das ist die Berliner Landesregierung. Ein an der Fassade umlaufendes Terracotta-Relieffries erzählt aus der Stadtgeschichte bis 1871.

› S und U2, U5, U8 Alexanderplatz, U2 Klosterstraße, Bus M48, 100, 200

41 Neptunbrunnen ★★ [M4]

Das 1891 vollendete Hauptwerk von Reinhold Begas stand ursprünglich vor dem Berliner Stadtschloss 36 und wurde erst nach seiner Restaurierung 1969 vor das Rote Rathaus verbracht. Im Zentrum thront aus poliertem Granit Neptun mit seinem Dreizack. Die vier prallen Damen am Beckenrand stellen die Hauptflüsse des damaligen Deutschen Reichs dar (Rhein, Elbe, Oder und Weichsel).

› S und U2, U5, U8 Alexanderplatz, U2 Klosterstraße, Bus M48, 100, 200

42 St.-Marien-Kirche ★★ [M4]

Auf weiter Pflasterflur ragt sie als Solitär in den Himmel empor. Einst stand die 1292 erstmals erwähnte Hallenkirche im dichten Gassengewirr der Mitte des 13. Jahrhunderts gegründeten Berliner Neustadt. Seit den Bombennächten im Zweiten Weltkrieg gibt es diese Neustadt jedoch nicht mehr, was die merkwürdig schräge Kirchenausrichtung inmitten einer quadratisch-praktischen modernen Stadtanlage erklärt. Das Innere der Marienkirche birgt eine Marmorkanzel (1702/03) von Händen Andreas Schlüters und den 1485 auf die Wand gebrachten „Totentanz“, ein etwa 22 Meter langes Fresko, das den Sensenmann zeigt, der die geistlichen und weltlichen Stände zum tödlichen Reigen bittet.

› S und U2, U5, U8 Alexanderplatz, U2 Klosterstraße, Bus TXL, M48, 100, 200

› außerhalb von Gottesdiensten und Veranstaltungen tgl. 10–18 Uhr

Die Nikolaikirche 39 ist der Oldtimer unter den Berliner Sakralbauten

360be-kj

43 Fernsehturm ★★★ [M4]

Mit 368 Metern ist der „Telespargel" das höchste Bauwerk Berlins. Nach nur knapp viereinhalb Jahren Bauzeit ging er 1969 in Betrieb. Seitdem saust der Fahrstuhl zum Café-Restaurant auf 200 Meter hinauf. Zweimal pro Stunde dreht sich das Tele-Restaurant um seine eigene Achse, sodass man sich, ohne einen Schritt laufen zu müssen, rundum einen großartigen Überblick über die Millionenstadt verschaffen kann. Im Stockwerk darunter befindet sich eine Aussichtsplattform, von wo aus die Sicht bei klarem Wetter gut vierzig Kilometer weit reicht.

- S und U2, U5, U8 Alexanderplatz, U2 Klosterstraße, Bus TXL, M48, 100, 200
- **Fernsehturm und Tele-Restaurant,** www.tv-turm.de, März–Okt. tgl. 9–24 Uhr, Nov.–Feb. tgl. 10–24 Uhr, Eintritt ab 13 €, erm. ab 8,50 €, Kinder bis 3 Jahre frei. Mit einer rechtzeitigen Online-Buchung lassen sich lange Wartezeiten an der Kasse vermeiden.

44 Alexanderplatz ★★★ [M4]

„Ochsenplatz" hieß der Viehmarkt und Exerzierplatz, bis man ihn 1805 zu Ehren von Zar Alexander I. in „Alexanderplatz" umtaufte. 1882 fuhren die ersten Züge in den just eingeweihten Bahnhof Alexanderplatz ein und der „Alex" entwickelte sich zum bedeutenden Verkehrsknotenpunkt. 1904–1911 wuchs das Warenhaus Tietz aus dem Boden empor, auf 250 Metern damals mit der längsten Kaufhausfassade der Welt. Zwei Jahre später ging die Untergrundbahn Linie A in Betrieb, ab 1928 folgten weitere U-Bahn-Linien. Ein labyrinthisches Treppauf-Treppab prägte die Szene, mit verborgenen Schmuddelecken hinter kühl gekachelten Fluchten, durch die sich die Menschenmassen von Bahnsteig zu Bahnsteig drängelten, so wie sie Alfred Döblin 1929 in seinem Roman „Berlin Alexanderplatz" beschrieb: Endstation für Gestrandete, umgürtet von den Wohnquartieren der Armen und Ärmsten und ständig vom Verkehrskollaps bedroht.

Diese Verhältnisse wurden Ende der 1920er-Jahre durch „radikale Abwrackung" beseitigt. Ein Rondell mit sternförmig einmündenden Straßen entstand, für dessen Entwurf Peter Behrens verantwortlich zeichnete. Bereits Anfang der 1930er-Jahre waren Behrens' **Alexanderhaus** und **Berolinahaus** fertiggestellt – die beiden einzigen Gebäude, die heute noch

Das höchste Bauwerk Berlins: der Fernsehturm

Berlin-Alexanderplatz: Das ehemalige Zentrum der sozialistischen Hauptstadt ist heute Shoppingmeile

stehen. Sie wurden in die Umgestaltung des Alexanderplatzes 1964–1971 zum modernen Weltstadtplatz integriert, mit 80.000 Quadratmeter Fläche viermal so groß wie der Vorkriegsplatz.

1969 öffneten sich die Türen des **Centrum-Warenhauses** (heute Kaufhof), damals das größte der DDR. Im selben Jahr übergab man auf dem Platz Erich Johns **Urania-Weltzeituhr** der Öffentlichkeit, ebenso Walter Womackas **Brunnen der Völkerfreundschaft,** der bei den Berlinern liebevoll „Nuttenbrosche“ heißt.

Von Womacka stammt auch der riesige Bilderfries, der das **Haus des Lehrers** – 1964 nach Plänen Hermann Henselmanns östlich des Alex realisiert – auf 125 Metern umläuft und Szenen aus dem DDR-Gesellschaftsleben darstellt.

Mit der Einweihung des 120 Meter hohen **Interhotel Stadt Berlin** (heute Hotel Park Inn) 1970 und dem **Haus der Elektroindustrie** nördlich des Platzes 1971 war der neue Alex vollendet. Am 4. November 1989 versammelten sich eine Million Menschen zur Demonstration gegen das DDR-Regime auf dem Platz. Sieben Tage später fiel die Mauer.

2005–2008 abermals umgebaut und die denkmalgeschützten Gebäude saniert, entsteht am Alex seitdem ein Einkaufsparadies nach dem anderen. Darunter der monumentale **Shoppingkomplex „Alexa“,** der am Eröffnungstag im Herbst 2007 in die Schlagzeilen geriet, als ihn eine Menge im Kaufrausch erstürmte.

› S und U2, U5, U8 Alexanderplatz, U2 Klosterstraße, Bus TXL, M48, 100, 200

025be-kj

Südlich der Linden – die Friedrichstadt

Zwischen Gendarmenmarkt, Checkpoint Charlie und Berliner Abgeordnetenhaus pulsiert der Großstadtbetrieb. Die Friedrichstraße als Lebensader der Friedrichstadt lockt mit augenfälliger Nachwende-Architektur, Läden, Boutiquen und täglich Verkehrsstau.

Die dritte Neustadt vor den Toren Berlin-Cöllns, Ende des 17. Jhs. angelegt, wurde seinerzeit nach König Friedrich I. benannt. Ihren ersten großen Bauboom erlebte sie nach der Reichsgründung 1871, als sich die Wohnstadt binnen weniger Jahre zum führenden Berliner Geschäftszentrum entwickelte und sich die Friedrichstraße mit schicken Hotels und halbseidenen Spelunken, Tanzpalästen und Varietés in eine Amüsiermeile verwandelte.

Nach den Zerstörungen im Zweiten Weltkrieg wurde nur der Gendarmenmarkt nach historischem Bild wieder aufgebaut. Ab Mitte der 1970er-Jahre sorgfältig rekonstruiert, blieb so das Juwel klassizistischer Baukunst für die Nachwelt erhalten.

325be-fo © ted007

45 Gendarmenmarkt ★★★ [K5]

Mit Französischem Dom, Deutschem Dom und Schinkelschem Schauspielhaus ist der Gendarmenmarkt Berlins schönster Platz.

Currybuden wird man rund um den Gendarmenmarkt denn auch nicht finden, dafür umso mehr Spitzenrestaurants. Der ursprünglich Ende des 17. Jahrhunderts nach Plänen von Johann Arnold Nehring angelegte Platz zählt zu den vornehmsten Adressen der Hauptstadt.

Zwischen 1736 und 1782 war hier das preußische Kürassierregiment untergebracht, die *gens d'armes*, nach denen man das Geviert 1799 benannte. 1950 in „Platz der Akademie" umgetauft, erhielt er dann 1991 seinen angestammten Namen zurück.

› U6 Französische Straße und Stadtmitte

46 Französischer Dom ★★★ [K5]

Das 1701–1705 für die aus Frankreich geflohenen Hugenotten erbaute Gotteshaus heißt eigentlich Französische Friedrichstadtkirche und ist gar kein Dom. Erst zwischen 1780 und 1785 bekam es den Turmbau mit goldverzierter Kuppel (franz. *dôme)* aufgesetzt, wodurch die Gemeindekirche im Berliner Volksmund flugs zum Dom avancierte. 1905 innen umgestaltet, im Zweiten Weltkrieg zerstört und ab 1977 wiedererrichtet, teilen sich den Französischen Dom heute die deutschsprachige Hugenottengemeinde, die französischsprachige *Communauté protestante francopho-*

◁ Die Turmkuppeln der „Dome" am Gendarmenmarkt 45 sind reich an plastischem Schmuck

ne und die Evangelische Kirchengemeinde in der Friedrichstadt.

Das **Hugenottenmuseum** zeigt Wissenswertes zur Geschichte der französischen Glaubensflüchtlinge und des Französischen Doms.

Von der Aussichtsbalustrade unterhalb der Turmkuppel genießt man einen schönen Blick auf die Mitte Berlins.

› **Französische Friedrichstadtkirche,** Di.–So. 12–17 Uhr; **Museum und Turmkuppel wegen Sanierung 2018 geschlossen**

47 Deutscher Dom ★★★ [K5]

Auf der Südseite am Platz erhielten die Calvinisten ihre Kirche. 1708 wurde sie nach siebenjähriger Bauzeit geweiht und 1780–1785 wie ihr Zwilling, der Französische Dom, um eine Turmkuppel nach einem Entwurf Carl von Gontards bereichert. Nach dem Zweiten Weltkrieg Ruine, ab 1977 rekonstruiert und nach der Wiedervereinigung umfangreich restauriert, öffneten sich 1996 erneut die Portale. Gegenwärtig ist die Ausstellung des deutschen Bundestags „Wege – Irrwege – Umwege. Die Entwicklung der parlamentarischen Demokratie in Deutschland" zu sehen.

› **Deutscher Dom,** Mai–Sept. Di.–So. 10–19 Uhr, Okt.–April Di.–So. 10–18 Uhr, freier Eintritt

48 Konzerthaus Berlin/Schinkelsches Schauspielhaus ★★★ [K5]

Deutscher und Französischer Dom prägen zusammen mit dem klassizistischen Schinkelschen Schauspielhaus, heute **Konzerthaus Berlin,** die Silhouette des Platzes. Der von Carl Gotthard Langhans errichtete Vorgängerbau, der das Deutsche Nationaltheater beheimatete, brannte 1817 bis auf die Grundmauern ab. An seiner Stelle entstand bis 1821 nach Karl Friedrich Schinkels Entwurf der neue prunkvolle Theaterbau mit ionischer Säulenhalle und repräsentativer Freitreppe. Hier wurde Theatergeschichte geschrieben. 1919–1930 führte Leopold Jeßner die Bühne zu Weltruhm, nach dessen Emigration

Wo Lukullus in Berlin abstieg

Rund um den **Gendarmenmarkt** haben sich zahlreiche herausragende Berliner Restaurants niedergelassen – fast jedes eine Sehenswürdigkeit für sich. Nördlich des Platzes lädt in der Französischen Straße 47 das **„Borchardt"** zwischen Marmorsäulen zu ausgewählten Tafelfreuden ein. Schräg gegenüber in der Französischen Straße 25 trägt das mit original Jugendstil-Mobiliar eingerichtete **„Aigner"** deutsch-österreichische De-luxe-Küche auf.

Gaumenkitzel der deutschen und europäisch inspirierten Küche bietet das **„Refugium"** im barocken Gewölbe des Französischen Doms. Wenige Schritte entfernt in der Taubenstraße 30 verwöhnt die **„Brasserie Gendarmenmarkt"** im Art-déco-Ambiente die Gäste mit Köstlichkeiten der deutschen und französischen Küche.

An der Westseite vom Gendarmenmarkt schlemmt man im Traditionslokal **„Lutter & Wegner"**. Die 1811 eröffnete Weinstube des königlichen Hoflieferanten, in der sich der Dichter E. T. A. Hoffmann und der Hofschauspieler Ludwig Devrient zusammen betranken, ist nach vierzig Jahren Westberliner Exil fast an ihren angestammten Platz zurückgekehrt. Am Haus ist eine Gedenktafel für E. T. A. Hoffmann angebracht, der hier von 1815 bis zu seinem Tod 1822 lebte.

201b-kj

1933 übernahm „Mephisto" Gustaf Gründgens das Haus und leitete es, bis es im Zweiten Weltkrieg in Schutt und Asche versank.

In den 1970er-Jahren wieder aufgebaut, kehrte das 1935 von den Nazis entfernte Schillerdenkmal von Reinhold Begas 1987 an den Platz vor dem Konzerthaus zurück.

› Konzertaufführungen (s. S. 98)

EXTRATIPP

Süße Verführung

Eine Sünde wert ist der Schoko-Laden von Fassbender & Rausch gegenüber vom Deutschen Dom. In den Verkaufsräumen lassen sich neben einer Vielfalt von süßen Köstlichkeiten Modelle der berühmtesten Berliner Sehenswürdigkeiten, z. B. des Brandenburger Tors, ganz aus Schokolade bewundern.

3 [K6] **Fassbender & Rausch,** Charlottenstraße 60, Mo.–Sa. 10–20 Uhr, So. 11–20 Uhr

Das Schinkelsche Schauspielhaus 48 prägt den Gendarmenmarkt

49 Friedrichstraße ★★ [K6]

„Für jedes anständig empfindende Gemüt hat dieses lärmende brandende Treiben in der Friedrichstraße etwas ungemein Abstoßendes", entrüstete sich ein Herr namens Isidor Kastan 1919 angesichts des Amüsierbetriebs, der die Straßenschlucht insbesondere in den „Goldenen Zwanzigern" zur Legende machte. Am Checkpoint Charlie standen sich 1961 amerikanische und sowjetische Panzer gegenüber. Und dieses Ereignis ist ebenfalls unwiderruflich mit der Friedrichstraße verbunden.

Die postmodernen Gebäude, die man noch kurz vor der Wende in den 1980er-Jahren errichtete, wurden nach der Wiedervereinigung wieder abgerissen. Sie wichen zeitgemäßen Büro- und Geschäftshäusern, von denen einige recht spektakulär gerieten.

Am Checkpoint Charlie 50

Dazu zählt das 1996/1997 erbaute **Quartier 207–205** zwischen den U-Bahnhöfen Französische Straße und Stadtmitte. Die drei Karrees sind unterirdisch durch die **Friedrichstadtpassagen** miteinander verbunden.

Das südliche, quadratisch-praktische **Quartier 205** beherbergt die üblichen **Bekleidungsketten** und bildet damit sozusagen den „Proletarier“ unter den Friedrichstadtpassagen.

Würfelmuster in Beige und Braun schmücken das elegante **Quartier 206**, das mit **Haute-Couture-Boutiquen** besticht.

Nördlich davon beherbergt das nach Plänen von Jean Nouvel entstandene, mit einer Glasfassade gezierte **Quartier 207** das französische Kaufhaus **„Galeries Lafayette“**.

› U6 Französische Straße und Stadtmitte

50 Checkpoint Charlie ★★★ [K6]

Am 28. Oktober 1961 standen sich am Kontrollpunkt sowjetische und amerikanische Panzer gegenüber und fast wäre ein neuer Weltkrieg ausgelöst worden. Der abgeriegelte Grenzübergang zwischen Westberlin und Ostberlin war ausschließlich alliierten Streitkräften, Ausländern und Diplomaten vorbehalten. Westberliner mussten über einen anderen Übergang in die DDR einreisen, Westdeutsche hatten abermals einen anderen zu passieren.

An diese grotesken Verhältnisse erinnern heute nur noch wenige Accessoires: Eine doppelläufige Pflastersteinreihe im Straßenbelag, die den ehemaligen Mauerverlauf nachzeichnet, eine alte dreisprachige Warntafel *„You are leaving the American sector“* sowie eine kleine Kontrollbaracke, die vom **Mauermuseum am Checkpoint Charlie** (s. S. 89) allerdings nachträglich aufgestellt wurde.

Voraussichtlich noch bis 2019 wartet außerdem in der Friedrich-/Ecke Zimmerstraße die **Black Box** mit einer multimedialen Ausstellung zum Kalten Krieg und der deutschen Teilung auf.

› U6 Kochstraße, **Black Box:** tgl. 10–18 Uhr, Eintritt Erw. 5 €, erm. 3,50 €, bis 14 Jahre frei

343be-kj

51 Jüdisches Museum ★★★ [L7]

Es liegt bereits in Kreuzberg, also auf der ehemals Westberliner Seite der Friedrichstadt. Schon Monate vor der Eröffnung des Museums 2001 standen die Menschen an, um Daniel Libeskinds gefeierten, in Form eines zerborstenen Davidsterns errichteten Museumsbau zu besichtigen. Das Jüdische Museum gehört seitdem zu den beliebtesten Berliner Museen. Neben zahllosen Menschen, die sich für die jüdische Geschichte und Kultur in Deutschland interessieren, zieht es auch Architekturfreunde aus aller Welt an. Gezeigt wird eine Vielzahl an Ausstellungsstücken, die in vierzehn Abschnitten die jüdische und deutsch-jüdische Geschichte erzählen.

› U1, U6 Hallesches Tor, U6 Kochstraße, Bus M29, M41, 248

› Lindenstraße 9–14, Tel. 25993300, www.juedisches-museum-berlin.de, Di.–So. 10–20 Uhr, Mo. 10–22 Uhr, Eintritt 8 €, erm. 3 €, Kinder bis 6 Jahre frei

EXTRATIPP

Garten im Jüdischen Museum

Eine grüne Oase im Großstadtbetrieb. Auf Bierbänken im Kies, an Bistrotischen unter Platanen oder einfach in Liegestühlen im Gras lässt es sich mit Blick auf den spektakulären Museumsbau herrlich Sonne tanken, entspannen, durchatmen. Kleine Snacks und Erfrischungen bietet das Café Schmus an (nicht koscher), man kann aber auch einfach nur den schönen Garten genießen.

› Der Besuch ist nicht abhängig vom Erwerb eines Tickets für das Museum. Die Sicherheitsschleuse muss man aber trotzdem passieren.

52 Geschichtsmeile Wilhelmstraße ★ [K5]

Bis sie in den Bombennächten des Zweiten Weltkriegs ausradiert wurde, war die Wilhelmstraße wie die Downing Street, der Kreml oder der Elysée-Palast ein Synonym für Regierungsmacht.

Bereits Anfang des 18. Jh. ließ hier der Adel seine Stadtpalais bauen, im 19. Jh. zogen preußische Ministeriale ein, nach der Reichsgründung 1871 Kanzlei, Ministerien und Behörden des Kaiserreichs, im Dritten Reich die Parteidienststellen und Institutionen des NS-Regimes. Fast gar nichts ist davon übrig geblieben, außer einer großen Zahl gläserner Informationstafeln, die auf der Geschichtsmeile Wilhelmstraße am Ort der untergegangenen Gebäude über deren Geschichte informieren: darunter das Reichspräsidentenpalais, Bismarcks Reichskanzlei und Hitlers Führerbunker.

Erhalten sind noch der Gebäudekomplex des Reichsministeriums für Volksaufklärung und Propaganda im mittleren Abschnitt der Straße, das nun vom **Bundesministerium für Arbeit und Soziales** genutzt wird, sowie das gigantische Reichsluftfahrtministerium (Ecke Leipziger Straße). Nach der Wende beheimatete es bis 1995 die Treuhandanstalt und dient seither, mit 112.000 m² Bruttogeschossfläche und fast 7 Kilometer Fluren, dem **Bundesfinanzministerium.**

› U2 Mohrenstraße, Bus 200

53 Topographie des Terrors ★ [K6]

Auf der Brachfläche zwischen Anhalter-, Wilhelm- und Niederkirchnerstraße dehnt sich das ehemalige „Prinz-

Heinrich-Gelände“ aus. Dort waren 1933–1945 die mächtigsten Einrichtungen des nationalsozialistischen Terrorapparats angesiedelt: der Sicherheitsdienst der SS und die Geheime Staatspolizei (Gestapo), ab 1939 zum Reichssicherheitshauptamt zusammengefasst, sowie die Reichsführung SS. Verfolgung und Völkermord wurden von hier aus stabsmäßig organisiert und Regimegegner im Gestapo-Gefängnis zu Tode gefoltert. Entlang der ausgegrabenen Fundamente der Schreckenseinrichtungen dokumentiert eine Freilichtausstellung das Geschehen. Der 2010 eröffnete Museumsneubau bietet Raum für eine Dokumentation der NS-Terrorgeschichte.

› S und U2 Potsdamer Platz, U6 Kochstraße, Bus M29
› Niederkirchnerstraße 8, Dokumentationszentrum geöffnet tgl. 10–20 Uhr, Außengelände tgl. 10 Uhr bis Einbruch der Dunkelheit (spätestens 20 Uhr), Eintritt frei

54 Berliner Mauer ★★ [K6]

Zwar ziemlich zerklopft, aber authentisch, blieb ein letztes originales Mauerstück an der Niederkirchnerstraße erhalten. Dass es im Freudentaumel der Wiedervereinigung nicht wie die restlichen 155 Kilometer, die Westberlin 1961–1989 umzingelten, abgerissen wurde, ist zahlreichen internationalen Initiativen zu verdanken.

› S und U2 Potsdamer Platz, U6 Kochstraße, Bus M29

55 Martin-Gropius-Bau ★★ [J6]

1877–1881 wurde das Gebäude von Martin Gropius und Heino Schmieden im Stil italienischer Renaissancepalazzi als Kunstgewerbemuseum errichtet. Genau vor seinem Eingangsportal verlief bis 1989 die Mauer. Nach umfangreicher Sanierung bietet das Haus seit 1999 Raum für aufsehenerregende Wechselausstellungen.

› S und U2 Potsdamer Platz, Bus M41
› Niederkirchnerstraße 7, Mi.–Mo. 10–19 Uhr, Eintritt je nach Ausstellung

56 Berliner Abgeordnetenhaus/ Preußischer Landtag ★ [J6]

Das Gebäude, in dem 1919 erstmals die Preußische Landesversammlung zusammentrat, entstand 1892–1899 nach Plänen von Friedrich Schulze. Im Anschluss an den Wiederaufbau ab 1947 diente es, unmittelbar an der Sektorengrenze, unter dem Vorsitzenden des DDR-Ministerrats Otto Grotewohl als Regierungssitz. Seit der Wiedervereinigung tagt in seinen Mauern das Berliner Abgeordnetenhaus, das Landesparlament des Bundeslands Berlin.

› S und U2 Potsdamer Platz, Bus M41

57 Deutscher Bundesrat/ Preußisches Herrenhaus ★ [J6]

Prachtvoller noch als der Preußische Landtag fiel Friedrich Schulzes 1899–1903 erbautes, neubarockes Preußisches Herrenhaus aus. Bis 1918 versammelte sich hier die erste Kammer des Preußischen Landtags: Vertreter des Hochadels, Großgrundbesitzer und andere vom preußischen König berufene Mitglieder. In der Nazizeit war das Haus Teil des Reichsluftministeriums, ab 1950 residierte in seinen Räumen die Akademie der Wissenschaften der DDR, seit Herbst 2000 tagt hier der deutsche Bundesrat.

› S und U2 Potsdamer Platz, Bus M48, 200, 347

Nördlich der Linden – Friedrich-Wilhelm-Stadt

Kunst und Wissenschaft prägen das Viertel zwischen nördlicher Friedrichstraße und Humboldthafen. 1726 ließ König Friedrich Wilhelm I. ein Pesthaus vor den Toren Berlins zur Lehr- und Forschungsstätte ausbauen und nannte sie „Charité“. Ferdinand Sauerbruch und Rudolf Virchow wirkten hier, und weithin sichtbar ragt auf dem heutigen Uni-Campus das Charité-Hochhaus in den Himmel empor. Weit über die Grenzen Berlins hinaus strahlt auch der Ruf der Friedrich-Wilhelm-Stadt als legendäre Theaterschmiede. Die Namen Max Reinhardt, Helene Weigel und Bertolt Brecht sind unwiderruflich mit dem Stadtteil verbunden.

230be-kj

58 Bahnhof Friedrichstraße/ Tränenpalast ★ [K4]

1961–1989 war am Bahnhof Friedrichstraße zwischen Ost- und Westberlin Endstation. Reisende von und nach Westdeutschland/Westberlin fuhren mit dem Fernzug am Bahnsteig A und mit der S-Bahn von Gleis B ab, für DDR-Bürger unterhalb des Rentenalters war dieser Bereich abgeriegelt. Sie benutzten einen anderen Bahnhofsteil, der wiederum nur von Osten her zugänglich war, während im Untergrund die Westberliner Züge der U-Bahn-Linie 6 zwischen Kreuzberg und Wedding verrammelte Geisterbahnhöfe passierten. Mit einer Ausnahme: Wessis durften an der Friedrichstraße umsteigen.

Für die Einreise in die DDR vom Bahnhof Friedrichstraße zum Bahnhof Friedrichstraße gab es eine gesonderte Abfertigungshalle, in der es mit Ablauf der Einreisegenehmigung Punkt 0 Uhr Abschied von den Freunden und Verwandten „von drüben“ zu nehmen galt. Unzählige Tränen wurden dabei vergossen, weshalb der trapezförmige Pavillon zwischen Bahnhof und Spreeufer seither **Tränenpalast** heißt.

Zum 50. Jahrestag des Berliner Mauerbaus eröffnete 2011 dort am historischen Ort die **Ausstellung „GrenzErfahrung. Alltag der deutschen Teilung“**. Von der Stiftung „Haus der Geschichte der Bundesrepublik“ wurden dafür zahlreiche Ori-

◁ In Sichtweite des Bahnhofs Friedrichstraße säumen Restaurants das Spree-Ufer der Friedrich-Wilhelm-Stadt

ginaldokumente und Zeitzeugen-Interviews zur Verfügung gestellt. Zwei authentische Grenzkabinen können besichtigt werden.

› Reichstagsufer 17, geöffnet Di.–Fr. 9–19 Uhr, Sa./So. 10–18 Uhr, freier Eintritt
› S und U6 Friedrichstraße

59 Berliner Ensemble ★ [K4]

1892 öffnete das Haus am Schiffbauerdamm und sorgte gleich im Jahr darauf mit der Uraufführung von Gerhard Hauptmanns „Die Weber" für einen Theaterskandal. Von 1903 bis 1905 leitete Max Reinhardt die Bühne, 1928 wurde hier Brechts und Weills „Dreigroschenoper" welturaufgeführt.

Nach der Rückkehr von Bertolt Brecht und Helene Weigel aus dem Exil riefen die Eheleute am Schiffbauerdamm das Berliner Ensemble ins Leben, das Weigel nach Brechts Tod 1956 bis an ihr Lebensende weiterführte. Heute wird das Theater von Oliver Reese geleitet.

› S und U6 Friedrichstraße, Tram M1, 12
› Bertolt-Brecht-Platz 1, Berlin-Mitte, Tel. 28408155, www.berliner-ensemble.de

60 Deutsches Theater ★ [J4]

1883 ging in der Schumannstraße der Vorhang auf, ab 1905 feierte das Theater unter Max Reinhardt bis zu dessen Emigration 1933 große Erfolge und wurde der Inbegriff für Regie- und Schauspielkunst. Mit Thomas Langhoff (1938–2012) als Chef wurde das Haus nach der Wiedervereinigung zweimal zum Theater des Jahres gewählt und hält seitdem seinen Spitzenplatz in der Liga der deutschen Sprechbühnen.

› U6 Oranienburger Tor, Tram M1, 12
› Schumannstraße 13a, Berlin-Mitte, Tel. 28441221, www.deutschestheater.de

61 Friedrichstadt-Palast ★ [K4]

1984 nahm Deutschlands größtes Revuetheater im neuen Haus an der Friedrichstraße den Spielbetrieb auf und bekam wegen seiner orientalisch anmutenden Betonfassade sogleich den Spitznamen „Aserbaidschanischer Hauptbahnhof" verpasst. Auf der Bühne brilliert in schillernden Kostümen die Girlreihe, die einen Abend im Friedrichstadtpalast zum unvergessenen Augenschmaus macht.

› U6 Oranienburger Tor, Tram M1, 12
› Friedrichstraße 107, Berlin-Mitte, Tel. 23262326, www.show-palace.eu

62 Französischer und Dorotheenstädtischer Friedhof ★★ [K3]

Von mehreren im 18. Jahrhundert vor dem Oranienburger Stadttor angelegten Gottesackern blieb der **Dorotheenstädtische Friedhof** erhalten. Bertold Brecht, Helene Weigel, Heiner Müller und Bernhard Minetti haben hier die letzte Ruhe gefunden, die preußischen Bildhauer und Baumeister Schadow, Rauch und Schinkel, die Philosophen Fichte und Hegel, die Schriftsteller Heinrich Mann, Anna Seghers und Arnold Zweig, der Dichter und Politiker Johannes R. Becher, die Komponisten Hanns Eisler und Paul Dessau und viele bedeutenden Persönlichkeiten der deutschen Kultur- und Geistesgeschichte mehr.

Dem Friedhof zur Chausseestraße hin vorgelagert ist der kleinere **Französische Friedhof**, den man 1780 für die Berliner Hugenotten anlegte. Dort liegen der Zeichner und Kupfer-

218be-kj

stecher Daniel Chodowiecki und der berühmte Hofschauspieler Ludwig Devrient begraben.

› U6 Oranienburger Tor oder Naturkundemuseum, Tram M6, 12
› Chausseestraße 126, März–Okt. 8–20 Uhr, Nov.–Feb. 8–17 Uhr, Eintritt frei

63 Museum für Naturkunde ★★ [J3]

Das Haus zählt zu den fünf bedeutendsten Naturkundemuseen der Welt. Neben umfangreichen mineralogischen, geologischen, paläontologischen und zoologischen Sammlungen sind im Lichthof unter der hohen Glaskuppel sieben Dinosaurierskelette zu sehen, unter ihnen der viel bestaunte *Brachiosaurus brancai.* 1905 wurden die Überreste dieses Vorzeitgiganten, der vor 150 Millionen Jahren durch das Jura stapfte, im Süden Tansanias entdeckt. Mit über 15 Meter Länge und exakt 13,27 Meter Höhe ist es das **weltweit größte Dino-Skelett**, das je Platz in einem Museum fand. Die jüngste Attraktion unter den Oldtimern heißt „Tristan Otto" und ist ein 66 Millionen Jahre alter Tyrannosaurus Rex. Seine gut erhaltenen Knochen stellen das bisher einzige Originalskelett eines T. Rex in Europa dar.

› U6 Naturkundemuseum
› Invalidenstraße 43, Tel. 20938591, www.naturkundemuseum.berlin, Di.–Fr. 9.30–18, Sa./So. 10–18 Uhr, Eintritt 8 €, erm. 5 €

64 Hamburger Bahnhof – Museum für Gegenwart ★★ [J3]

Kurz vor dem gläsernen Hauptbahnhof gelegen, war der Hamburger Bahnhof 1846–1884 Endstation der Berlin-Hamburger-Eisenbahn. In seinen Hallen ist heute das **Museum für Gegenwart** untergebracht. Es präsentiert die umfangreiche Sammlung des Mäzens Erich Marx, die

Der größte Dino der Welt hat seinen Platz im Berliner Naturkundemuseum 63 gefunden

Kunst der zweiten Hälfte des 20. Jh. zeigt: Werke u. a. von Beuys, Kiefer, Lichtenstein oder Warhol. Im ehemaligen Bahnhofsgebäude und in den benachbarten Rieck-Hallen sind ferner Werke der umstrittenen Flick Collection zu sehen, der Sammlung von Kunst des 20. und 21. Jh. des NS-Großindustriellen-Erben Friedrich Christian Flick.

› S Hbf., U6 Naturkundemuseum
› Invalidenstraße 50–51, www.smb.museum, Tel. 266424242, Di., Mi. und Fr. 10–18, Do. 10–20 Uhr, Sa./So. 11–18 Uhr, Eintritt 10 €, erm. 5 €, freier Eintritt bis 18 Jahre sowie für Schüler, Studenten und Sozialtransferbezieher

65 Gedenkstätte Berliner Mauer ★★ [K2]

Fast überall wurde die Mauer, die die Stadt fast vier Jahrzehnte lang teilte, nach der Wiedervereinigung abgeräumt. In der Bernauer Straße aber blieb ein gut 200 Meter langer Abschnitt samt Sperranlagen erhalten, nämlich der ehemalige Postenweg zwischen Nordbahnhof im Westen und dem **Mauerpark** im Osten. Er bildet heute einen Teil der **Erinnerungsmeile**, die von 2008 bis 2014 auf anderthalb Kilometern als Zentrale Gedenkstätte Berliner Mauer entstand.

Gegenüber vom **Besucherzentrum** am Nordbahnhof, das mit Informationen und einem Dokumentarfilm zur Geschichte der Berliner Mauer aufwartet, zeichnet eine lose Stahlstelen-Reihe den Grenzverlauf nach und ein Freilichtparcours erinnert mit zahlreichen Stationen an die Ereignisse. Nicht weit entfernt an der Bernauer/Ecke Ackerstraße beleuchtet das **Dokumentationszentrum** die Geschichte der Teilung Berlins vom Ende des Zweiten Weltkriegs bis zur Wiedervereinigung. Der angeschlossene Aussichtsturm gewährt Einblick in den verbliebenen **authentischen Mauer- und Todesstreifen** auf der gegenüberliegenden, ehemals Ostberliner Straßenseite. Von meterhohen Stahlwänden gerahmt, wurde die Sperranlage 1998 zu einem Denkmal umgestaltet.

Bereits 1995 erhielt die evangelische Versöhnungsgemeinde ihr altes Grundstück im ehemaligen Todesstreifen zurück. Dort hatten DDR-Grenztruppen 1985 die alte Versöhnungskirche gesprengt. Auf ihren Fundamenten steht heute die kleine **Versöhnungskapelle**.

Wenige Schritte östlich erhebt sich Ecke Strelitzer Straße eine fast zwölf Meter hohe Stahlkonstruktion, die an einen 1990 abgerissenen DDR-Grenzturm erinnert. Auf den beiden letzten Abschnitten zwischen Ruppiner und Wolliner Straße erfährt man vieles über den Mauerbau sowie die Rolle der Mauer in der Politik, über den Kalten Krieg, Fluchtversuche und den Alltag der Grenzsoldaten. Ecke Ruppiner Straße wurde jene berühmte Fotografie in die Linse gebannt, die den jungen Soldat Conrad Schumann in den Tagen des Mauerbaus 1961 beim Sprung über den Stacheldraht zeigt. Den Schlusspunkt der Ausstellung bildet der Mauerpark an der Grenze zum Prenzlauer Berg.

› S1, S2 Nordbahnhof, U8 Bernauer Straße, Tram M10
› **Besucherzentrum** (Bernauer Str. 119) und **Dokumentationszentrum** (Bernauer Str. 111): April–Okt. Di.–So. 10–19 Uhr, Nov.–März Di.–So. 10–18 Uhr, Ausstellungen im Gedenkstättenareal: Mo.–So. 8–22 Uhr, Tel. 467986666, www.berliner-mauer-gedenkstaette.de, Eintritt frei. Die Außenanlagen sind immer zugänglich.

Nordöstlich der Linden – Spandauer Vorstadt

Milliarden Euro flossen seit der Wiedervereinigung in das Herz von Berlin und haben es zu einem der attraktivsten Innenstadt-Wohnpflaster gemacht. In den Straßen rund um die Hackeschen Höfe wird man kaum Lebensmittelgeschäfte und dafür umso mehr Label-Boutiquen, Kunstgalerien und gastronomische Einrichtungen finden. Rein rechnerisch verfügt jeder der 8000 Einwohner der Spandauer Vorstadt über seinen eigenen Platz an der Bar.

66 Hackesche Höfe ★★★ [L4]

Den einen gilt die Sanierung von Deutschlands größtem geschlossenen Hofareal als Sündenfall der „Schickimickisierung", für die anderen ist sie eine Erfolgsstory. 1997 waren die Sanierungsarbeiten an den acht Wohn-, Geschäfts- und Gewerbehöfen beendet und sie stiegen mit Kino, Theater, Gastronomie neben Wohnungen, Galerien und Ateliers zum neuen Touristenmagnet auf.

Bereits bei ihrem Erstbezug Anfang des 20. Jahrhunderts waren die Hackeschen Höfe eine kleine Sensation. In ihrer Architektur folgte die 9200 Quadratmeter umfassende Gewerbe-, Fabriketagen- und Wohnhofanlage zwar der damals typischen Berliner Mischung von Wohnen und Arbeiten unter einem Dach. Brandneu aber war die Idee, dass man Arbeiterfamilien nicht länger in dunkle Hinterhofbutzen pferchte, sondern achtzig beheizbare Wohnungen mit Innentoilette für sie baute. Darüber hinaus standen den Menschen im Viertel im ersten Hof Festsäle für Vereins- und Familienfeiern zur Verfügung.

Des Weiteren sind in den Höfen Kino, schicke Boutiquen, Buch- und Schmuckläden untergebracht. Galerien und Cafés laden zum Verweilen ein und sind die acht Höfe durchwandert, ist die Sophienstraße erreicht.

› S Hackescher Markt, U8 Weinmeisterstr.
› **Hackesche Höfe,** Rosenthaler Str. 40/41

Die Hackeschen Höfe sind ein „Must" in jedem Berliner Sightseeing-Programm

353bbe-kj

67 Haus Schwarzenberg ★ [L4]

In direkter Nachbarschaft bietet das selbstverwaltete Haus das Kontrastprogramm zu den Hackeschen Höfen. Als eines der letzten unsanierten Relikte zeigt es mit seinen Höfen, wie die Spandauer Vorstadt bis Mitte der 1990er-Jahre einmal aussah. Neben alternativen Galerien und Ateliers haben hier ein Programmkino und die Café-Bar-Klub-Institution **Eschloraque Rümpschrümp** (s. S. 101) ihr Zuhause. Das **Anne Frank Zentrum** widmet sich mit einer Ausstellung dem Leben von Anne Frank. Das Museum **Blindenwerkstatt Otto Weidt** zeichnet in den Originalräumen das mutige Engagement des Kleinfabrikanten nach, der im Dritten Reich jüdische und nichtjüdische Blinde und Gehörlose vor der Deportation rettete.

- › S Hackescher Markt, U8 Weinmeisterstr.
- › **Haus Schwarzenberg**, Rosenthaler Straße 39
- › **Anne Frank Zentrum**, Di.–So. 10–18 Uhr, Eintritt 5 €, erm. 3 €, Kinder bis 10 Jahre frei
- › **Museum Blindenwerkstatt Otto Weidt**, tgl. 10–20 Uhr, Eintritt frei

68 Oranienburger Straße ★ [L4]

Die Neue Synagoge 69 mit ihren goldenen Kuppeln bildet den Mittelpunkt und damit auch den Orientierungspunkt in der Oranienburger Straße. Nach der Wende entwickelte sich rund um die „Oranienburger“

Mit glänzender goldener Kuppel: die Neue Synagoge 69

mit ihren verfallenen Häusern ein von Künstlern und Studenten bevölkertes Ausgehviertel. Ihnen folgten Investoren und Immobilienentwickler und mit ihnen die Vermarktung der bald darauf aufwendig sanierten Gebäude. Die Szenekneipen mussten Flagshipstores und Restaurantketten weichen. Der Straße treu geblieben sind dagegen die Bordsteinschwalben, die zwischen Restaurantbesuchern und Partygängern auf dem Trottoir ihre Dienste anbieten.

KLEINE PAUSE

Teatime

Lauschig im Hinterhof werden im Chén Chè 800 Jahre vietnamesische Teekultur zelebriert. Traditionelle Gerichte und Süßigkeiten begleiten die Teevariationen. Immer 15 bis 18 Uhr ist Teestunde nach vietnamesischer Sitte.

4 [L3] **Chén Chè,** Rosenthaler Straße 13, Berlin-Mitte (U8 Rosenthaler Platz), Tel. 28884282, www.chenche-berlin.de

69 Neue Synagoge – Centrum Judaicum ★★ [L4]

1859–1866 entstand das Gotteshaus nach einem Entwurf von Eduard Knoblauch. Ursprünglich sollte es etwa 90 Meter hinter die Straße zurückgesetzt errichtet werden, doch die Gemeinde wollte keine Synagoge im Hinterhof, weshalb Knoblauch zusätzlich eine repräsentative Vorsynagoge an der Straßenfront schuf. Im Zweiten Weltkrieg wurden die Sakralbauten schwer beschädigt und 1958 die Hauptsynagoge gesprengt, sodass nur die unmittelbar an der Oranienburger Straße gelegenen Gebäudeteile als Ruine erhalten blieben.

1988 begann nach der Gründung der Stiftung „Neue Synagoge Berlin – Centrum Judaicum" der Wiederaufbau der Vorsynagoge. Wo einst die prunkvolle Hauptsynagoge stand, liegt heute eine mit Kies gestaltete Freifläche, hinter der sich im Halbrund, dort wo sich einst der Toraschrein befand, schlichte Marmorstelen erheben. In den Räumen der Vorsynagoge zeichnet eine ständige Ausstellung die Geschichte des Hauses und das mit ihm verbundene jüdische Leben in Berlin nach.

› S1, S2 Oranienburger Straße, U6 Oranienburger Tor

› Oranienburger Straße 28–30, Tel. 88028316, www.centrumjudaicum.de, letzer Einlass 30. Min. vor Schließung, April–Sept. Mo.–Fr. 10–18, So. 10–19 Uhr, Okt.–März So.–Do. 10–18, Fr. 10–15 Uhr, Wiedereröffnung der Dauerausstellung „Tuet auf die Pforten" im Sommer 2018

70 Künstlerruine Tacheles ★ [K4]

Das 1908/1909 von Franz Ahrens errichtete Haus ist eine Legende. Mit vierzehn Eingängen und neun Höfen nahm es als Passagen-Kaufhaus einst das gesamte Karree Oranienburger-/Ecke Friedrichstraße ein. Ab 1928 diente es der AEG als „Haus des Rundfunks", im Zweiten Weltkrieg fiel es in Schutt und Asche und überdauerte die DDR-Jahre als Ruine.

Nach dem Mauerfall besetzten Künstler das zugige, teils wand- oder deckenlose Gebäude, aus dem bereits Bäumchen hervorwuchsen, und machten das **alternative Kunst- und Kulturprojekt „Tacheles"** international bekannt. So blieb die Kulturruine mit ihren Künstlerateliers, einem Programmkino und trashiger Bier- und Konzertlokalität über 20 Jahre bestehen, bis der Eigentümer das Gebäude 2012 räumen ließ. Nach drei weiteren Jahren des Leerstands und Verfalls wird auf dem Areal nun ein neues Stadtviertel entstehen – unter Einbeziehung des Tacheles, das, denkmalgerecht saniert, künftig wieder für Kulturzwecke genutzt werden soll.

› S1, S2 Oranienburger Straße, U6 Oranienburger Tor

71 Auguststraße ★★ [L3]

Galerien und Kunsthandwerker haben sich in der Auguststraße niedergelassen, darunter die **Kunstwerke – Institute for Contemporary Art,** die mit spannenden Wechselausstellungen der Gegenwartskunst Aufmerksamkeit auf sich ziehen.

› S1, S2 Oranienburger Straße, U6 Oranienburger Tor, U8 Weinmeisterstraße und Rosenthaler Platz

› Auguststraße 69, Tel. 2434590, www.kw-berlin.de, Mi.–Mo. 11–19, Do. bis 21 Uhr, Eintritt 8 €, erm. 6 €

72 Jüdische Mädchenschule und Ahawah ★ [L3]

Den Kunstwerken gegenüber erheben sich zwei stumme Zeugen der Vernichtung jüdischen Lebens. Unter der Hausnummer 11–13 firmiert die ehemalige **Jüdische Mädchenschule.** 1927–1930 wurde der neusachliche Klinkerbau von Alexander Beer (1873–1945, im KZ Theresienstadt ermordet) errichtet. In seiner Nachbarschaft steht das 1856–1861 erbaute ehemalige Jüdische Krankenhaus (Nr. 14–16). Ende des Ersten Weltkriegs richtete man in seinen Mauern ein Kinderheim ein, die **Ahawah** (hebräisch für „Liebe") . 1941 machte die Gestapo ein Sammellager für sogenannte„Alterstransporte" daraus. 15.000 jüdische Männer und Frauen wurden von hier aus in die Vernichtungslager verschleppt.

Nach langem Leerstand seit der Wiedervereinigung erhielt die Jüdische Gemeinde 2009 den Gebäudekomplex zurück. Nach umfassender Sanierung bevölkern seit 2012 Kunstgalerien und Restaurants die Jüdische Mädchenschule – darunter der Michelinstern-gekrönte **Pauly Saal** (s. S. 95), der einem internationalen Publikum aus Kunst und Kultur höchste Küchenkunst offeriert. Die Zukunft der benachbarten Ahawah ist weiterhin ungewiss.

› Auguststr. 11–16, www.maedchenschule.org

73 Große Hamburger Straße ★★ [L3]

„Toleranzstraße" hieß sie einmal, weil hier Juden, Protestanten und Katholiken einträchtig ihre Einrichtungen unterhielten. Einen Teil der Hamburger Straße nimmt der 1851–1854 errichtete Backsteinbau des katholischen Krankenhauses St. Hedwig ein, dahinter erhebt sich der Turm der evangelischen Sophienkirche, in deren Nachbarschaft sich wiederum die Jüdische Knabenschule und der Jüdische Friedhof befinden. Im Frühjahr 1942 wurde die Schule zusammen mit dem Jüdischen Altenheim zur Sammelstelle für den Abtransport der jüdischen Berliner in die Vernichtungslager gemacht.

› S Hackescher Markt, S1, S2 Oranienburger Straße, U8 Weinmeisterstraße

74 Sophienkirche ★ [L4]

1712 wurde sie von Königin Sophie Luise gestiftet. Die Besonderheit des Gebäudes, der berlinweit einzige verbliebene Barockturm, kam 1732 hinzu. Innen zeigt sie sich schlicht, so wie es sich für eine protestantische Kirche gehört. Auf dem Friedhof ist der Komponist und Leiter der Berliner Singakademie Karl Friedrich Zelter begraben.

75 The Missing House ★ [L4]

Anstelle des Vorderhauses klafft eine Lücke und an die wie amputiert stehenden Seitenflügel sind die Namensschilder der Einwohner bis 1945 angebracht: Der Sprengmeister Feldhaus, die Direktrice Thomas, der Amtsrat Jordan und viele andere wohnten hier. Die Installation stammt von Christian Boltanski und wurde 1990 am Haus angebracht.

76 Jüdisches Gymnasium ★ [L4]

1906 wurde die Knabenschule der Jüdischen Gemeinde eingeweiht. Nach ihrer Schließung 1942 diente sie einige Monate als Sammellager für die Deportation Berliner Juden. In DDR-Zeiten Berufsschule, ist im Gebäude seit 1993 das Jüdische Gymnasium untergebracht.

77 Jüdischer Friedhof ★★ [L4]

1672 eingeweiht und damit ältester jüdischer Friedhof Berlins, wurde er 1943 von der Gestapo zerstört. Von den einmal fast 2800 Gräbern blieb bis auf wenige Tafeln nur die Erinnerung. Für den großen Philosophen und Aufklärer des 18. Jh., Moses Mendelssohn, der auf dem Gottesacker zur letzten Ruhe liegt, errichtete man ein schlichtes Gedenkgrab.

Vor dem Friedhof befand sich seit 1844 ein jüdisches Altenheim. 1942 machten es die Nazis zum sogenannten „Judenlager", zur Sammelstelle zum Abtransport der jüdischen Berliner in die Vernichtungslager. 55.000 Menschen wurden von der Großen Hamburger Straße zum Bahnhof Grunewald transportiert, dort in Viehwagen gesperrt und in die Todeslager nach Theresienstadt oder Auschwitz deportiert. Ein Gedenkstein und eine 1985 von Will Lammert geschaffene Skulpturengruppe erinnern daran.

78 Sophienstraße ★★ [L4]

Für die Berliner 750-Jahr-Feier im Jahr 1987 wurden die Wohnhäuser aus dem 18. und 19. Jh. Teil des großen Sanierungsprogramms der DDR-Regierung für die Hauptstadt und auf hübsche altmodische Art wieder hergestellt. In den **Sophiensälen** (Haus Nr. 18), heute international renommierte Stätte für zeitgenössischen Tanz und Theater, sprachen 1918 Karl Liebknecht und Wilhelm Pieck. Das historische Gemäuer war der Versammlungsort des 1844 gegründeten Handwerkervereins, einer Keimzelle der Berliner Arbeiterbewegung.

Unter der Hausnummer 21 firmiert der Eingang zu den Ende des 19. Jahrhunderts erbauten **Sophie-Gips-Höfen**, wo das Kunstsammlerehepaar Hoffmann seit 1995 seine in vier Jahrzehnten erworbene Kollektion der Gegenwartskunst präsentiert: die **Sammlung Hoffmann** mit Werken von Nan Goldin, Frank Stella und vielen weiteren namhaften Künstlern.

› S Hackescher Markt, S1, S2 Oranienburger Straße, U8 Weinmeisterstraße

› **Sammlung Hoffmann, Sophie-Gips-Höfe,** Aufgang C, Sophienstr. 21, Führungen Sa. 11–16 Uhr nach Voranmeldung (Tel. 28499120, www.sammlung-hoffmann.de), Eintritt 10 €

› *Alles unter Dach und Fach: Das Forum im Sony Center 81 ist eine beliebte Touristenattraktion*

Rund um Potsdamer Platz und Kulturforum

Spektakulär war der Potsdamer Platz schon immer: in den 1920er-Jahren der verkehrsreichste Platz Europas, während der Berliner Teilung das wohl am meisten besichtigte Niemandsland, nach der Wiedervereinigung die größte Baustelle des Kontinents und heute ein Touristenmagnet. Das benachbarte Kulturforum mit seinen berühmten Museen und der weltbekannten Philharmonie gehört zu den kulturellen Highlights der Stadt.

79 Potsdamer Platz ★★★ [J6]

Die 1920er-Jahre begründeten seinen Legende, gleichwohl der Potsdamer Platz damals kein Platz war, sondern nur eine Straßenkreuzung, und zwar die **verkehrsreichste Kreuzung in ganz Europa.** Die seinerzeit astronomische Zahl von stündlich 2700 Automobilen knatterte über sie hinweg. Dazu kam eine Vielzahl an Trams, Bussen und nicht zu vergessen die Heerscharen von Fußgängern, weshalb man dort 1924 die erste Ampelanlage Berlins installierte.

Die Kriegszerstörungen und nachfolgenden Abrisse überdauerten nur zwei Gebäude, das Weinhaus Huth und die Ruine des vornehmen Hotels Esplanade, die nach dem Mauerbau 1961 als traurige Solitäre in der nun **weiten Ödnis** ihr Dasein fristeten. Aussichtsplattformen vor den tödlichen Sperranlagen erlaubten von Westen her den Blick über die Mauer und so stieg der Potsdamer Platz zu einer neuen, makabren Touristenattraktion auf – bis die DDR im November 1989 auf einmal die Grenzen öffnete.

Nach der Wiedervereinigung begann 1993 der „Tanz der Kräne". Binnen kürzester Zeit hatte sich die trostlose Brache in die **größte Baustelle Europas** verwandelt. Ein komplett auf dem Reißbrett geplanter neuer Stadtraum entstand. Im Oktober 1998 wurde die Daimler-City feierlich einge-

345be-kj

weiht; im Sony Center rollte man zu den Filmfestspielen im Februar 2000 erstmals den roten Teppich aus.

In den kommenden Jahren folgten die Park-Kolonnaden. Das 2004 eröffnete **Beisheim-Center** ist das jüngste Ensemble am Potsdamer Platz. Es entstand im Auftrag des Metro-Gründers Otto Beisheim. In dem Fünfsternehotel **Ritz-Carlton** im Stil der amerikanischen Frühmoderne steigen zur Berlinale die Hollywoodstars ab. Für das Bauwerk ist das Architektenteam Hilmer & Sattler und Albrecht verantwortlich, das auch den städtebaulichen Masterplan für das gesamte Potsdamer-Platz-Areal entwickelt hatte. Mit dem Hotel war die Bebauung des gesamten Areals vollbracht, das die Welt seither als „Potsdamer Platz" kennt.

› S1, S2 und U2 Potsdamer Platz

327be-fo©Pixel Embargo

80 Daimler-City ★★ [J6]

68.000 Quadratmeter oder knapp zehn Fußballfelder groß ist die 19 Gebäude, 10 Straßen und 2 Plätze umfassende Privatstadt, die den Namen eines bekannten Autokonzerns trägt. Als die damalige Daimler-Benz AG das Gelände vom Westberliner Senat im Frühjahr 1989 für ein Handgeld erwarb, rechnete kaum jemand damit, dass die Mauer so bald fallen würde. Kurz darauf begann ein internationales Architektenteam unter der Federführung von Renzo Piano mit der Planung der neuen Ministadt. 1994 war Grundsteinlegung, 1998 wurde sie mit zwei Filmtheatern, einem Musicaltheater, der größten deutschen Spielbank, Luxushotels, Luxuswohnungen, Cafés und Restaurants sowie der Shoppingmall **Potsdamer Platz Arkaden** eingeweiht.

Orientierungspunkte bilden Pianos sienafarbenes **debis-Hochhaus** am Reichpietschufer und Hans Kollhoffs mit weinrotem Klinker geschmückter Büroturm an der nordöstlichen Cityspitze. Das **Panorama-Café und Sonnenterrasse** im 25. Stock des **Kollhoff-Gebäudes** bietet einen luftigen Überblick über das Areal und fast ganz Berlin. Zur fantastischen Aussicht trägt einen der **schnellste Fahrstuhl Europas** mit Tempo 30 in 20 Sekunden hinauf.

› **Panorama-Café und Sonnenterrasse** im Kollhoff-Hochhaus, Potsdamer Platz 1, www.panoramapunkt.de, Terrasse tgl. 10–20 Uhr, letzter Einlass 19.30 Uhr (im Winter 10–18 Uhr), Café tgl. ab 11 Uhr, Eintritt 7,50 €, erm. 6 € (Tel. 25937080)

‹ Das debis-Hochhaus bildet die markante Spitze der Daimler-City

EXTRATIPP

Über den Wolken

Unweit von Potsdamer Platz und Checkpoint Charlie trägt der **Weltballon,** einer der weltweit größten Heliumballons, seine Passagiere 150 m hoch in die Lüfte und verharrt dort eine Weile. Mit Drahtseilen am Boden verankert, bietet sich ein fantastischen Rundumblick.

- •5 [K6] **Weltballon,** Wilhelmstraße/ Ecke Zimmerstraße, Berlin-Mitte, April–Sept. tgl. 10–22 Uhr, Okt.–März tgl. 11–18 Uhr, pro Person 19,90 €, erm. 16,90 €, 3–10 Jahre 6,90 € (S1, S2 und U2 Potsdamer Platz, U6 Kochstraße)

81 Sony Center ★★ [J6]

Unverkennbar durch den 103 Meter hohen gläsernen **Sony-Turm** schließt es sich nördlich der Daimler-City zum Tiergarten hin an. Das aus sieben Bauwerken bestehende Ensemble aus Stahl und Glas nach einem Entwurf von Helmut Jahn umfasst Büros, Geschäfte, Gastronomie, Eigentumswohnungen, Kinos und vieles mehr.

Im Zentrum des Supercenters wölbt sich über den 40 Meter hohen gläsernen Fassaden eine Zeltdachkonstruktion aus 24 Membranbahnen. Sie überspannt ein 4000 Quadratmeter großes **Forum** und ermöglicht den Besuchern, unabhängig von Wetter und Jahreszeit open air an ihrem Cappuccino zu nippen.

Nach der ersten Berlinale im Februar 2000 im Sony Center zogen im Spätherbst des Jahres die „Freunde der Deutschen Kinemathek“ in den Glaspalast ein und eröffneten die **Deutsche Kinemathek – Museum für Film und Fernsehen.** Hundert Jahre deutsche Filmgeschichte in Kulissen, Dokumenten und Objekten werden gezeigt, dazu rund tausend Filme, der Nachlass von Fritz Lang, Heinz Rühmann und – als besondere Attraktion – von Marlene Dietrich. Nicht zu vergessen das große Stardefilee während der Internationalen Filmfestspiele.

› Potsdamer Straße 2, Tel. 3009030, www.deutsche-kinemathek.de, Di.–So. 10–18 Uhr, Do. 10–20 Uhr, Eintritt 7 €, erm. 4,50 €, Schüler 2 €

Die Kleinen werden vor allem im **Legoland Discovery Center** auf ihre Kosten kommen. Berliner Sehenswürdigkeiten, eine Dschungelexpedition, ein Feenschloss und vieles andere mehr sind dort mit Millionen von Legosteinen nachgebaut.

› Potsdamer Straße 4, Tel. 0180 66690110, www.legolanddiscoverycentre.de, tgl. 10–19 Uhr, Eintritt ab 12 €, online ab 11 €, Kinder unter 3 Jahre frei

82 Deutsches Spionagemuseum ★ [J6]

Das Museum thematisiert Spionage und Gegenspionage von der Antike bis heute. Präsentiert werden Zeitzeugeninterviews und rund 300 Exponate, darunter Original-Agentenzubehör, eine Enigma-Chiffriermaschine u. v. m.

› Leipziger Platz 9, Berlin-Mitte (S1, S2, U2 Potsdamer Platz), Tel. 398200451, www.deutsches-spionagemuseum.de, tgl. 10–20 Uhr, Eintritt 12 €, erm. 8 €

Kulturforum

Seit den 1960er-Jahren entstand das Kulturforum auf der Westseite des Potsdamer Platzes. Zunächst im Schatten der Mauer gelegen, fand der herausragende Standort der Schönen Künste mit der bis 1998 er-

305be-fo © Junede

richteten Gemäldegalerie seinen krönenden Abschluss.

› S1, S2 und U2 Potsdamer Platz, Bus M48 Kulturforum, Bus 200, 347 Philharmonie

83 Neue Staatsbibliothek ★ [I6]

Mit einer Fläche von 19.400 Quadratmeter erreicht die 1967–1978 nach Plänen von Hans Scharoun errichtete Staatsbibliothek gut drei Viertel der Größe des Sony Centers. Eine Stadt nur für Bücher, etwa acht Millionen an der Zahl. Nach der Wiedervereinigung wurden sie mit den Beständen der Staatsbibliothek Unter den Linden 12 wiedervereint und bilden seitdem die größte wissenschaftliche Universalbibliothek Deutschlands.

84 Philharmonie und Kammermusiksaal ★★ [I6]

1960–1963 ebenfalls von Hans Scharoun errichtet, triumphiert das Haus durch seine Gestalt gewordene Idee einer „Musik im Mittelpunkt": Der Zuhörerraum steigt terrassenförmig rund um das Orchesterpodium an und bieten so von jedem Platz des Konzertsaals aus eine ausgezeichnete Akustik. Scharouns Meisterwerk wurde zum Vorbild für zahlreiche andere Konzerthäuser.

Der mit der Philharmonie verbundene **Kammermusiksaal** entstand zwischen 1984 und 1987 unter der Leitung des Scharoun-Schülers Edgar Wisniewski.

85 Kulturforum ★★ [I6]

Das Kulturforum im engeren Sinne besteht aus vier durch eine gemeinsame Eingangshalle miteinander verbundene Museen. Im Jahr 1985 konnte das **Kunstgewerbemuseum** als erstes Gebäude am Platz eingeweiht werden und zeigt seither bedeutende Sammlungen des europäischen Kunsthandwerks vom Mittelalter bis heute.

Bereits im Jahr zuvor, 1984, hatte das Architektenbüro Hilmer & Sattler und Albrecht die Gesamtplanung für die Forumsbauten übernommen. Unter ihrer Federführung eröffneten im Jahre 1993 das Kupferstichkabinett und die Kunstbibliothek. Mit 110.000 Handzeichnungen und einer halben Million druckgrafischen Werken von Botticelli über Dürer bis Warhol zählt das **Kupferstichkabinett** zu den bedeutendsten seiner Art in der Welt. In der **Kunstbibliothek** warten rund 400.000 Schriften zur bildenden Kunst von der Spätantike zur Gegenwart auf ihre Würdigung.

1998 gingen die Türen der **Gemäldegalerie** auf, die seitdem eine der weltweit bedeutendsten Sammlungen europäischer Malerei vom 13. bis zum 18. Jh. zeigt: Werke von Bruegel, Caravaggio, Dürer, Gainsborough, Pesne, Raffael, Rubens, Rembrandt, Tizian, Vermeer und Watteau.

› Matthäikirchplatz 8 (S1, S2 und U2 Potsdamer Platz, Bus M48 Kulturforum, 200, 347 Philharmonie)

› **Kupferstichkabinett,** Di.–Fr. 10–18, Sa./So. 11–18 Uhr, Eintritt 6 €, erm. 3 €; **Kunstbibliothek,** Di.–Fr. 10–18, Sa./So. 11–18 Uhr, Wechselausstellungen mit unterschiedlichen Eintrittspreisen; **Gemäldegalerie,** Di.–Fr. 10–18, Do. bis 20, Sa./So. 11–18 Uhr, Eintritt 10 €, erm. 5 €,

› **Kunstgewerbemuseum,** Di.–Fr. 10–18, Sa./So. 11–18 Uhr, Eintritt 8 €, erm.4 €

86 Neue Nationalgalerie ★★★ [I6]

Die wie schwebend wirkende Glas-Stahl-Konstruktion wurde 1965–1968 errichtet. Es ist das letzte Bauwerk Ludwig Mies van der Rohes und das einzige, das er noch in Deutschland realisierte, nachdem er 1938 in die USA emigrierte. Im Oktober 1968 eröffnete es mit einer Piet-Mondrian-Ausstellung und bietet seither Raum für Kunst des 20. Jahrhunderts sowie für herausragende Wechselausstellungen.

› Potsdamer Str. 50 (S1, S2 und U2 Potsdamer Platz oder U1 Kurfürstenstraße, Bus M29 Potsdamer Brücke, M48 Kulturforum)

› **Wegen umfassender Sanierungsarbeiten für mehrere Jahre geschlossen.**

87 Bendlerblock ★ [I6]

Der mächtige Gebäudekomplex, seit 1993 Dienstsitz des **Bundesverteidigungsministeriums,** wurde 1911–1914 errichtet und anschließend von verschiedenen militärischen Einrichtungen genutzt. Im Nationalsozialismus waren dort Abteilungen des Oberkommandos des Heeres, der Wehrmacht und der Kriegsmarine untergebracht. Vom Bendlerblock aus plante eine Gruppe von Offizieren um Claus Schenk Graf von Stauffenberg das missglückte Attentat auf Hitler am 20. Juli 1944. Noch in derselben Nacht wurden Stauffenberg, Werner von Haeften, Albrecht Ritter Mertz von Quirnheim und Friedrich Olbricht im Innenhof des Gebäudes erschossen. Am historischen Ort erinnert die **Gedenkstätte Deutscher Widerstand** daran.

› S1, S2 und U2 Potsdamer Platz, U1 Kurfürstenstraße, Bus M29, M48

› **Gedenkstätte Deutscher Widerstand,** Stauffenbergstraße 13–14, Mo.–Mi./Fr. 9–18 Uhr, Do. 9–20 Uhr, Sa./So. 10–18 Uhr, Eintritt frei

‹ Ein Meisterwerk der Architektur für musikalische Meisterwerke: die Berliner Philharmonie

Vom Tiergarten in die West-City

Kaiser-Wilhelm-Gedächtniskirche, Europa-Center, Kurfürstendamm. Seit der Wiedervereinigung sind die Attraktionen im alten Westen Berlins ein wenig ins Hintertreffen geraten. Trotzdem flanieren über 7000 Spaziergänger stündlich an den Kaufhäusern und Boutiquen am Tauentzien und am Ku'damm vorbei, die damit die Nr. 1 unter den Bummelmeilen in der Spree-Metropole darstellen.

031be-kj

88 Tiergarten ★★ [H5–J5]

Das grüne Herz Berlins ist untrennbar mit der Stadtgeschichte verbunden. Im „wiesenwachs bei der Lützen" gingen einst die Kurfürsten auf die Pirsch, und damit der Braten nicht stiften ging, war der Wald eingezäunt. Bereits in der Regierungszeit Friedrichs I. wurde erstmals die Axt angelegt, um einen Weg vom Brandenburger Tor 1 zum neuen Schloss Lietzenburg (Charlottenburg) anzulegen. Friedrich der Große öffnete den Tiergarten für sein Volk, ließ die Zäune niederreißen und den „wiesenwachs" durch Georg Wenzeslaus Knobelsdorff in einen Park im damaligen Barockgeschmack umwandeln. 1833–1840 gestaltete ihn Peter Joseph Lenné als **Landschaftspark** nach englischem Vorbild.

Den nächsten maßgeblichen Eingriff nahmen 1937 die Nationalsozialisten vor, als sie im Zuge ihrer Umbaupläne Berlins zur Welthauptstadt „Germania" die große Ost-West-Achse, die den Tiergarten in eine Nord- und eine Südhälfte teilt, von 27 auf 53 Meter verbreiterten. Zur Erinnerung an den Volksaufstand in der DDR am 17. Juni 1953 trägt sie heute den Namen **Straße des 17. Juni.**

89 Siegessäule ★★★ [H5]

„Goldelse" wird die von Friedrich Drake geschaffene **Siegesgöttin Viktoria** von den Berlinern genannt. 1873 wurde sie als Nationaldenkmal der Einigungskriege auf dem Königsplatz (heute Platz der Republik) feierlich eingeweiht und 1938/39 im Rahmen des Hauptstadtumbaus durch die Nationalsozialisten an den **Großen Stern** im Herzen des Tiergartens verpflanzt.

KLEINE PAUSE

Tiergarten-Biergarten
Am Seeufer im grünen Tiergarten wartet das Café am Neuen See (s. S. 102) mit schönem Biergarten und Bootsverleih auf Besucher. Mit Aussicht auf die Ausflugsdampfer kann man prächtig die Biergartenterrassen im Schleusenkrug (s. S. 102) genießen.

Man kann der Madame unter den Rock klettern, 280 Stufen führen zur schmalen Aussichtsplattform hinauf, die einen herrlichen Blick weit über die Stadt bietet. Mittels einer Fußgängerunterführung unter dem Kreisverkehr ist der Sockel der 69 Meter hohen Säule gefahrlos zu erreichen.

› Bus 100, 187
› **Siegessäule,** April–Okt. tgl. 9.30–18.30 Uhr, Nov.–März tgl. 10–17.30 Uhr, Eintritt 3 €, erm. 2,50 €

90 Schloss Bellevue ★ [H5]

Die frühklassizistische Schlossanlage ist die erste Adresse der Bundesrepublik. 1785 für den jüngsten Bruder Friedrichs des Großen als Sommerpalais erbaut und nach der Zerstörung im Zweiten Weltkrieg rekonstruiert, ist das Schloss heute Sitz des Bundespräsidenten. Es kann nur von außen besichtigt werden.

› Bus 100, 187

91 Zoo/Zoologischer Garten ★★ [F6]

Löwen, Giraffen, Flusspferde und weitere 20.000 Tiere in über 1400 Arten, seit 2017 noch bereichert um das putzige Panda-Pärchen Meng Meng und Jiao Qing, bevölkern den **Zoo Berlin** – auch unter seinem älteren Namen **Zoologischer Garten** bekannt. Sein Ende des 18. Jahrhunderts auf der Pfaueninsel 117 eingerichteter Vorgänger zählte bereits 850 Tiere und durfte vom Volk zweimal pro Woche bestaunt werden. König Wilhelm IV. schenkte die Tiere der Berliner Bevölkerung, woraufhin der Zoo 1844 an den südwestlichen Tiergartenrand umzog. Mit seinem Geburtsjahr 1844 ist er der älteste öffentliche Tierpark in Deutschland und darüber hinaus der artenreichste Zoo der Welt.

Seit 1899 bildet das **Elefantentor** an der Budapester Straße den würdigen Einlass. Dem Zoo angeschlossen ist das **Aquarium.** Auf drei Etagen werden über 5000 Fischarten gezeigt, außerdem Reptilien, Amphibien und in der Krokodilhalle prachtvolle Exemplare dieser urtümlichen Panzerechsen. Ein zweiter Zoo-Eingang befindet sich am Hardenbergplatz gegenüber vom Bahnhof Zoo.

› S und U1, U9 Zoologischer Garten
› Hardenbergplatz 8 (Eingang „Löwentor", S und U2, U9 Zoologischer Garten) und Budapester Str. 32–36 (Eingang „Elefantentor", Bus 200), April–Sept. tgl. 9–18.30 Uhr, März/Okt. 9–18 Uhr, sonst 9–16.30; Aquarium tgl. 9–18 Uhr; Eintritt 15,50 €, erm. 10,50 €, Kinder 4–15 J. 10,50 €, Kombiticket Zoo & Aquarium 21 € (erm. 15,50 €, Kinder 10,50 €)

92 Rund um den Bahnhof Zoo ★ [F6]

1884 eröffnet, stieg der Bahnhof Zoo 1961 nach dem Mauerbau zur Zentralstation für Westberliner Zugreisende auf und gelangte mit Christiane F.s autobiografischem Junkie-Ro-

Lorbeerkranz und Eisernes Kreuz sind die Insignien der Berliner Viktoria hoch oben auf der Siegessäule

EXTRATIPP

Blick durch die Linse

Das Amerikahaus, 1957 als US-Kultur- und Informationszentrum eingeweiht, beherbergt heute die **Fotogalerie C/O Berlin,** eines der weltweit bedeutendsten Zentren der zeitgenössischen Fotokunst. Neben Ausstellungen hochkarätiger Bildkünstler-„Oldies" wie Will McBride, Annie Leibovitz oder Josef Koudelka werden Werke internationaler Fotografiestars von Morgen gezeigt (s. S. 88).

man „Wir Kinder vom Bahnhof Zoo" (1978) zu traurigem Ruhm. Bereits Mitte der 1990er-Jahre saniert, wird die Bahnhofshalle heute vom knapp 120 Meter hohen **Zoofenster** in den Schatten gestellt. Das 2012 eröffnete Hochhaus entstand nach Plänen des Architektur-Professors Christoph Mäckler. Einen Teil seiner 32 Etagen nimmt das Luxushotel Waldorf-Astoria ein.

207be-kj

In der Nachbarschaft ragt mit 118 Metern das weißsilber glänzende **Upper West** in den Himmel hinauf. 2017 nach dem Entwurf des Berliner Architekten Christoph Langhof gebaut und eingeweiht, lassen sich dort vom Rooftop der **„One Lounge"-Bar** (s. S. 103) Drinks zum fantastischen Ausblick auf den „guten alten Westen" genießen.

Sehenswertes im Bild ist ganz in der Nähe im **Museum für Fotografie** (s. S. 87) ausgestellt. Im ehemaligen kaiserlichen Offizierskasino widmet sich das Museum „Helmut Newton's Private Property", dem Werk des wohl wichtigsten Mode- und Aktfotografen des 20. Jahrhunderts. Helmut Newton (1920–2004), der 1938 vor den Nazis emigirieren musste, hat seine Arbeiten kurz vor seinem Tod seiner Heimatstadt Berlin vermacht.

› S und U1, U9 Zoologischer Garten

93 Tauentzienstraße ★ [F7]

Der „Tauentzien" mit seinen zahlreichen Warenhäusern ist das vitale Herzstück der West-City. Gleich drei Westberliner Wahrzeichen – das **KaDeWe** 96, das **Europa-Center** 95 und die **Kaiser-Wilhelm-Gedächtniskirche** 94 am Breitscheidplatz – und eine Fülle an Einkaufsgelegenheiten geben der östlichen Ku'damm-Verlängerung ihr Gepräge.

Nördlich trennt das **Bikinihaus** auf 200 Metern Länge den Zoologischen Garten 91 vom Breitscheidplatz. Es ist Teil des 1957 fertiggestellten damaligen „Zentrums am Zoo", zu dem außerdem das Berlinale-Kino Zoo Palast, das Hochhaus am Hardenbergplatz und die kleinere Hochhausscheibe nahe dem Zoo-Aquarium mit der Monkey Bar (s. S. 103) zählen.

Den Namen verdankt das Bikini seiner ursprünglichen Architektur: Mit einem säulengetragenen Luftgeschoss war das Gebäude – wie bei einem Bikini – in oben und unten geteilt. 2014 wurde das zugige Stockwerk geschlossen, anschließend zogen Gastronomie und schicke Läden ein. Größte Attraktion ist die riesige Dachterrasse, von der aus der Blick auf das Affengehege im Zoo fällt.

94 Kaiser-Wilhelm-Gedächtniskirche ★★★ [F6]

Ihre Turmruine wurde zum Mahnmal und zum herausragenden Wahrzeichen Westberlins. 1895 eingeweiht, fiel die Kirche 1943 im Bombenhagel bis auf den Turmstumpf in Schutt und Asche. Bald nach dem Krieg setzte eine über zehn Jahre währende Debatte um ihre Wiedererrichtung ein, bis man sich 1956 auf einen Neubau einigte. Den dafür ausgelobten Architektenwettbewerb gewann Egon Eiermann mit seinem Entwurf eines gläsernen Achtecks, so wie es heute steht. Der verbliebene Vorkriegsturm sollte dagegen abgerissen werden – woraufhin sich ein gewaltiger Proteststurm erhob. So blieb der „Hohle Zahn" als Ruine erhalten, nun als **Mahnmal gegen Krieg und Zerstörung.**

In der Eingangshalle, seit 1987 Gedenkhalle, erzählen Schaubilder von der Geschichte des Gotteshauses. Außerdem ist das **Nagelkreuz von Coventry** ausgestellt, das man 1987 von England nach Westberlin überbrachte – aus Nägeln geformt, die man in der Asche der beim deutschen Bombenangriff 1941 zerstörten Kathedrale von Coventry fand.

An der Nordseite des Sakralbaus verläuft ein **goldener Riss** durch die Gehwegplatten. Er erinnert an den Terroranschlag auf den Weihnachtsmarkt an der Gedächtniskirche am 19.12.2016, bei dem 12 Menschen getötet und Dutzende verletzt wurden.

› S und U2, U9 Zoologischer Garten, U1, U2, U3 Wittenbergplatz
› tgl. 9–19 Uhr, Eintritt frei

102be Abb.: kj

Bikini und Upper-West-Hochhaus sind neue Hotspots in der West-City

Kruzifix von Karl Hemmeter in der Kaiser-Wilhelm-Gedächtniskirche

95 Europa-Center ★ [F7]

Wo sich bis zum Zweiten Weltkrieg im berühmten „Romanischen Café“ Künstler und Literaten trafen, erhebt sich heute 22 Stockwerke hoch das Europa-Center, mit dem Mercedes-Stern obenauf ein Wahrzeichen Westberlins. Mit seinem Eröffnungsjahr 1965 ist es eine der ältesten Shoppingmalls Deutschlands und deshalb nicht nur zum Einkaufen, sondern auch architekturhistorisch interessant.

Ebenfalls seit 1965 spielt im Europa-Center das Urgestein unter den Westberliner politischen Kabaretts auf: die 1949 gegründeten „Stachelschweine“ (s. S. 97). Ihm zu Füßen gurgelt am Breitscheidtplatz der 1983 von Joachim Schmettau geschaffene Weltkugelbrunnen, von den Berlinern kurz „Wasserklops“ genannt.

› S und U2, U9 Zoologischer Garten, U1, U2, U3 Wittenbergplatz
› Das Europa-Center selbst ist rund um die Uhr geöffnet. Die einzelnen Läden darin haben unterschiedliche Öffnungszeiten.

KLEINE PAUSE

Grüne Ku'damm-Oase

Herrlich vom Ku'damm-Trubel entspannen kann man im **Café Wintergarten im Literaturhaus**. Drinnen im Wintergarten und draußen in einer kleinen Gartenidylle bietet es leckere Kuchen, Frühstück und kleinere Speisen.

6 [E7] **Café Wintergarten im Literaturhaus**, Fasanenstraße 23, Berlin-Charlottenburg (U1 Uhlandstraße), www.literaturhaus-berlin.de/wintergarten-cafe-restaurant.html, tgl. 9–24 Uhr

96 Kaufhaus des Westens (KaDeWe) ★★ [G7]

Auf acht Etagen bietet der größte Konsumtempel Europas (beinahe) alles zum Kaufen an, was man sich nur vorstellen kann.

Die legendäre „Fress-Etage“, wie die Berliner sagen, im sechsten Geschoss präsentiert die größte Schlemmer- und Feinkostabteilung des Kontinents. Von der Futtertheke zur Feinschmecker-Bar lassen sich (fast) alle Köstlichkeiten der Welt probieren. Im Jahr 2017 feierte das Westberliner Wahrzeichen seinen 110. Geburtstag.

› U1, U2, U3 Wittenbergplatz
› Mo.–Do. 10–20 Uhr, Fr. 10–21 Uhr, Sa. 9.30–20 Uhr

97 Kurfürstendamm ★★ [E7]

Einst war er ein Reitweg der Kurfürsten zu ihrem Jagdschloss im Grunewald, der Mitte des 16. Jh. für Kurfürst Joachim II. angelegt worden war. 1886 wurde er auf Geheiß des Reichskanzlers Otto von Bismarck zum repräsentativen Boulevard ausgebaut und stand in den Jahren der Weimarer Republik mit vornehmen Hotels, Restaurants, Kaffeehäusern und zahlreichen Amüsierbetrieben der Friedrichstraße nicht nach. Nach der Zerstörung im Zweiten Weltkrieg im zeitgenössischen Wirtschaftswunderstil wieder aufgebaut, stieg er in dieser Gestalt zur ersten Westberliner Geschäftsadresse und beliebtesten Flaniermeile auf.

› *Berlins Versailles: Am Schloss Charlottenburg wurde über 100 Jahre lang gebaut*

Rundum sind heute gut 4000 Geschäfte ansässig – viermal so viele wie zwischen Potsdamer Platz und Friedrichstraße. Am Ku'damm und in seinen Seitenstraßen zwischen Bleibtreustraße und Olivaer Platz shoppt in Edelboutiquen, Antiquitätenläden und exklusiven Couturier-Räumlichkeiten die Dame von Welt.

98 Schloss Charlottenburg ★★★ [C4]

Neben der Museumsinsel 28 zählt es zu den Besuchermagneten in der Spree-Metropole. Seine Ursprünge gehen auf das Jahr 1695 zurück, als man im Weiler Lietzenburg westlich der Residenzstadt Berlin zum ersten Spatenstich für die barocke Sommerresidenz der Kurfürstin Sophie Charlotte ansetzte. 1699 war die Lietzenburg fertiggestellt, deren prunkvoller Ausbau nach der Königskrönung 1701 begann. Den Abschluss der ersten Erweiterung bis 1712 erlebte Sophie Charlotte jedoch nicht mehr. 1705 verstarb sie 36 Jahre jung. Noch im selben Jahr wurde die Lietzenburg ihr zu Ehren in Schloss Charlottenburg umbenannt.

Insgesamt dauerten die Ausbau- und Erweiterungsarbeiten bis Ende des 18. Jahrhunderts. Ständig wurde unter der Leitung von Wenzeslaus von Knobelsdorff und anschließend Carl Gotthard Langhans geklopft und gehämmert. Nach einem letzten Anbau von Langhans, der 1791 fertiggestellt wurde, war die Schlossfront schließlich gut 500 Meter lang. Weshalb Napoleon, als er 1806 mit seinem Heer in Berlin einmarschierte, entzückt ausrufen konnte: „Hier finde ich mein Versailles wieder!"

Nach der Zerstörung im Zweiten Weltkrieg wurde Schloss Charlottenburg originalgetreu wieder aufgebaut. Auch das **Reiterstandbild des Großen Kurfürsten**, das 1698 Andreas

Schlüter schuf, ist längst restauriert und schmückt den Ehrenhof vor dem Schloss. Innen birgt das größte Berliner Hohenzollerndomizil glanzvolle königliche Repräsentationsräume, darunter das Porzellankabinett, die Chinesische Galerie oder die Bibliothek Friedrichs des Großen. Höhepunkte jeder Schlossbesichtigung sind der **Speise- und Thronsaal Friedrichs II.** und die 42 Meter lange **Goldene Galerie**, die zu den prächtigsten Rokokosälen in Deutschland zählt.

> S41, S42 Westend, U2 Sophie-Charlotte-Platz, U7 Richard-Wagner-Platz, Bus M45, 309

> **Schloss Charlottenburg**, Spandauer Damm 20–24, Altes Schloss u. Neuer Flügel April–Okt. Di.–So. 10–17.30 Uhr, Nov./Dez. Di.–So. 10–17 Uhr, Jan.–März Di.–So. 10–16.30 Uhr, Eintritt Altes Schloss/Neuer Flügel jeweils 10 €, erm. 7 €, alle Schlösser im Schlosspark 17 €, erm. 13 €

99 Schlosspark ★ [C4]

Hinter dem Schloss schließt sich, von der Spree eingerahmt, auf 55 Hektar der Schlosspark an. In seinem ältesten, ursprünglich von 1697 stammenden Teil zeigt er sich **streng symmetrisch im Stil des französischen Barock**, so wie er einst für Königin Sophie Charlotte angelegt wurde. Die übrige Fläche der Anlage folgt der Umgestaltung von Peter Joseph Lenné 1816 in einen **Landschaftspark nach englischer Art.**

Nordöstlich ist im **Belvedere**, dem 1788 von Baumeister Langhans errichteten ehemaligen Teehaus, eine Fülle an kostbaren Werken aus Berliner Porzellanmanufakturen ausgestellt. Im klassizistischen **Neuen Pavillon** vermitteln Möbel, Gemälde und Skulpturen einen Eindruck vom blaublütigen Lebensstil im frühen 19. Jh. Das von Karl Friedrich Schinkel 1824 im östlichen Parkzipfel erbaute Haus diente König Friedrich Wilhelm III. als Sommervilla.

Einem dorischen Tempel nachempfunden ist das 1810–1812 errichtete **Mausoleum**, in dem neben König Friedrich Wilhelm III., Kaiser Wilhelm I. und seiner Gemahlin Augusta die von Volk wie Adel gleichermaßen geliebte Königin Luise ruht.

> **Belvedere:** April–Okt. Di.–So. 10–17.30 Uhr, Eintritt 4 €, erm. 3 €

> **Mausoleum:** April–Okt. Di.–So. 10–17.30 Uhr, Eintritt 2 €

> **Neuer Pavillon:** April–Okt. Di.–So. 10–17.30, Nov.–März Di.–So. 12–16 Uhr, Eintritt 4 €, erm. 3 €

100 Museen am Standort Charlottenburg ★★ [C4]

Dem Schloss zugewandt zieren zwei 1851–1859 errichtete, identisch erscheinende Palais die Ecken zum Spandauer Damm. Sie stammen vom Schinkel-Schüler August Stüler, der sie als Unterkünfte für die Offiziere der königlichen Leibgarde entwarf.

Im **westlichen Stülerbau** hat die gefeierte **Sammlung Berggruen**, „Picasso und seine Zeit“, ihr Zuhause. Sie umfasst hochkarätige Werke der Klassischen Moderne, darunter über hundert Arbeiten Picassos sowie rund sechzig Bilder Paul Klees. Im **östlichen Stülerbau** ist das **Museum Scharf-Gerstenberg** mit herausragenden Gemälden und Skulpturen des Surrealismus von Piranesi, Goya und Redon bis zu Dalí, Magritte und Max Ernst untergebracht.

Weiter Richtung Spandauer Damm, erwartet das **Bröhan-Museum** Kunstfreunde. Hier werden kostbare Sammlungen des Jugendstil, Art déco und Funktionalismus ausgestellt.

› S41, S42 Westend, U2 Sophie-Charlotte-Platz, U7 Richard-Wagner-Platz, Bus M45, 309
› **Museum Berggruen** (Schloßstr. 1) und **Museum Scharf-Gerstenberg** (Schloßstr. 70), Di.–Fr. 10–18, Sa./So. 11–18 Uhr, Eintritt 12 €, erm. 6 €
› **Bröhan-Museum,** Schloßstraße 1a, www.broehan-museum.de, Di.–So. 10–18 Uhr, Eintritt 8 €, erm. 5 €

101 Funkturm auf dem Messegelände ★ [A6]

Bereits seit 1926 ragt der „Lange Lulatsch" als Wegmarke auf dem Messegelände 150 Meter hoch in den Himmel hinauf. Dank seiner Stahlgitterkonstruktion wirkt der Funkturm wie der kleine Bruder des Eiffelturms. Von seinem Turmmast wurden die ersten, damals noch tonlosen TV-Bilder in den Äther ausgestrahlt. Die Aussichtsplattform in 124 Höhenmetern bietet einen fantastischen Panoramablick über das steinerne Berliner Häusermeer. In exakt 51,5 Meter Höhe serviert das Funkturmrestaurant kulinarische Leckereien.

› S Messe Nord/ICC, Bus X34, M49
› Hammerskjöldplatz 1 (an der Masurenallee), Aussichtsplattform Mo. 10–20 Uhr, Di.–So. 10–23 Uhr, Eintritt 5 €, erm. 3 €; Restaurant Di. 18–23 Uhr, Mi.–So. 11.30–23 Uhr

102 Olympiagelände ★ [S. 152]

Das weitläufige Areal mit Olympiastadion, Maifeld, Glockenturm und Waldbühne ist das einzige insgesamt noch erhaltene Zeugnis nationalsozialistischer Architektur in Berlin.

Das Entree bildet das Olympische Tor mit zwei 35 Meter hohen Türmen, die die olympischen Ringe tragen. Dahinter erhebt sich das für die Olympischen Spiele 1936 erbaute **Olympiastadion.** 2000–2004 denkmalgerecht saniert, fand hier 2006 das Endspiel der Fußball-WM in Deutschland statt.

Westlich dehnt sich hinter dem Stadion die riesige Rasenfläche des **Maifelds** aus. 1935/36 als Aufmarschgelände für Propaganda-Massenveranstaltungen geplant, war es nach dem Zweiten Weltkrieg britisches militärisches Sperrgebiet, auf dem man Polo-Turniere austrug und zum Geburtstag der Queen jährlich eine Truppenparade abhielt.

Im Westen wird das Maifeld vom 78 Meter hohen **Glockenturm** überragt, ehemals „Führerturm", der eine schöne Aussicht auf das Olympiagelände und nahebei auf die Waldbühne bietet.

Als Arena für die olympischen Turn- und Boxwettkämpfe 1936 wurde die **Waldbühne** in Form eines Amphitheaters ins Grüne gebettet. Seit über fünfzig Jahren finden auf ihrer Bühne in der schönen Jahreszeit Open-Air-Konzerte statt – darunter der legendäre Auftritt der Rolling Stones 1965, deren Songs das Publikum derart in Begeisterung versetzten, dass es das gesamte Waldbühnen-Mobiliar auseinandernahm.

Ein **historischer Pfad** führt durch das Gelände und informiert mit 45 Tafeln über die Geschichte und Architektur des ehemaligen „Reichssportfelds".

› S9, S75, U2 Olympiastadion
› **Olympiagelände,** Eingang und Kasse am Besucherzentrum Osttor, Olympischer Platz 3, Nov.–März 10–16 Uhr, April–Okt. 9–19 Uhr, Aug. 9–20 Uhr (nicht an Spiel- und Veranstaltungstagen), Eintritt inkl. Glockenturm Erwachsene 8 €, erm. 5,50 €, Kinder 6–14 Jahre 4 €

Prenzlauer Berg

Zu DDR-Zeiten ein Brennpunkt der künstlerisch-intellektuellen Opposition, zog nach der Wende eine junge alternative Kulturszene in die bröckelnden Gründerzeitbauten ein und begründete den Ruhm vom Prenzlauer Berg als Off-Szene-Stadtviertel. Heute zählt mancher Kiez zu den teuersten innerstädtischen Wohnquartieren.

103 Rund um den Kollwitzplatz ★ [N2]

Am schicken **Kollwitzplatz** gibt es eigentlich gar nichts zu sehen, aber dafür umso mehr Atmosphäre zu schnuppern. Im Haus Knaackstraße/Ecke Kollwitzstraße lebte bis zur Zerstörung im Zweiten Weltkrieg die Bildhauerin Käthe Kollwitz mit ihrem Mann, der als Armenarzt tätig war. Denn so fein wie heute war der Kiez damals nicht. In wild wuchernden Mietskasernen drängelten sich die Arbeiter mit ihren Familien. Rund 30.000 Einwohner auf einem Quadratkilometer wurden in den 1920er-Jahren gezählt – das war Weltrekord.

Nördlich mündet die **Husemannstraße** ein, die zur 750-Jahr-Feier 1987 restauriert wurde. Dabei entstand eine stuckverzierte Bilderbuchidylle mit nostalgischen Kramläden, Antiktrödeln und aufpolierten Gaslaternen.

Südlich erhebt sich am Wasserturmplatz der **„Dicke Hermann"**, Berlins ältester Wasserturm von 1877, der dem Platz seinen Namen gab. Dort auf der Sonnenseite an der Knaackstraße liegen weitere schöne Restaurants und Straßencafés.

› U2 Senefelder Platz

KLEINE PAUSE

Kulinarischer Budenzauber

Längst kein Geheimtipp mehr, sondern inzwischen weltberühmt ist die Currywurst von **Konnopke.** Mit dem Geburtsjahr 1930 ist der Familienbetrieb ein Urgestein unter den Berliner Wurstmaxen, seit 1960 brutzelt man in der Bude unter der Hochbahn im Prenzlauer Berg.

TV-Koch Tim Mälzer und Kochrebell Anthony Bourdain verneigten sich vor Konnopkes Currywurst-Kunst.

7 [M1] **Konnopkes Imbiss,** Schönhauser Allee 44b (unter der Hochbahn U2 Eberswalder Straße), www.konnopke-imbiss.de, Mo.–Fr. 10–20, Sa. 11.30–20 Uhr

Gentrifizierung eines Stadtviertels

Am „Kolle" ist der „Osten" wohl am intensivsten verschwunden. Früher, als es die DDR noch gab, wohnte und wirkte in den Gründerzeit-Altbauten mit Schimmelpilz-Klo auf halber Treppe die künstlerische Avantgarde der sozialistischen deutschen Republik. Jurek Becker, Manfred Krug, Heiner Müller, Christa Wolf, Stefan Hermlin und viele weitere namhafte Kunst- und Kulturschaffende hatten hier ihr Zuhause. Das „Zinnober", das erste freie Theater der DDR, spielte am Kollwitzplatz auf, in den Eckkneipen waberten zu intensiven Debatten die Rauchschwaden, in den Mädchenkammern der Altbauwohnungen waren Fotolabore und Hektografierstätten eingerichtet und sogar einen Fuhrmann mit echten Pferden gab es am Kolle.

Nach der Wiedervereinigung zogen junge Menschen von überall her bevorzugt in den Prenzlauer Berg, vor allem weil die dortige, frisch aus der Taufe gehobene Wohnungsbaugesellschaft so überfordert war, dass man eine leer stehende Wohnung einfach nur „knacken" musste. Den Mietvertrag zum Spottpreis gab es dann wenig später.

So entstand kurzzeitig der „Wilde Osten", den ein Großteil der alteingesessenen Mieter - sprachlos wegen der neuen Sitten und schlaflos durch die Tag und Nacht quer durch die Höfe wummernden Techno-Bässe - in den kommenden Jahren verließ. Gleichzeitig wurde der Prenzlauer Berg zum größten Flächensanierungsgebiet Berlins.

Im Anschluss ließen sich in den schön sanierten Altbauten zahlungskräftige junge „Dinks" (double income, no kids) nieder, die sich in den kommenden Jahren gleich im doppelten Sinne als Existenzgründer betätigten. Sie verwandelten den Prenzlauer Berg in einen außerordentlich wohlhabenden und bald darauf auch einen der kinderreichsten Plätze in Deutschland. Neben Bio-Märkten und schadstoffarmen Cabriolets prägt heute der ergodynamische Buggy das Straßenbild.

„Gentrifizierung" nennt die Stadtsoziologie diese Entwicklung: den sozialen Umstrukturierungsprozess kompletter Stadtteile, wie er im alten Arbeiterbezirk Prenzlauer Berg und dort insbesondere rund um den Kollwitzplatz je nach Standpunkt berühmt oder berüchtigt geriet. Allemal handelt es sich um eine materielle Aufwertung des Wohngebiets. Um den Preis, dass viele Menschen ihre angestammte Heimat verlassen mussten, um Platz zu machen für eine neue urbane Mittelschicht.

104 Synagoge ★★ [N2]

Um die Ecke befindet sich am Anfang der Rykestraße Deutschlands größte Synagoge. 1904 wurde das von Johann Hoeniger entworfene, damals 2000 Gläubige aufnehmende Gotteshaus eingeweiht. In der Reichspogromnacht 1938 demolierten Nazischergen den Synagogenraum, schändeten die Torarollen und verhafteten Rabbiner und Gemeindemitglieder. Dank seiner Lage in der Seitenstraße, blieb das Haus jedoch vor der völligen Zerstörung bewahrt.

◁ Im „Dicken Hermann", Berlins ältestem Wasserturm, wird heute gewohnt

034be-kj

Im August 1953 wurde die Synagoge für die Jüdische Gemeinde Ostberlin feierlich neu geweiht. Nach Jahren der Renovierung wurde sie mit dem Einzug der Torarollen im September 2007 wieder geöffnet. Aktuell fasst sie „nur“ noch 1200 Gläubige und ist damit immer noch die größte in Deutschland.

› Besichtigung leider nicht möglich

105 Jüdischer Friedhof ★★ [M2]

Der Maler Max Liebermann, der Verlagsgründer Leopold Ullstein, der Komponist Giacomo Meyerbeer und viele weitere bedeutende Persönlichkeiten sind auf dem 1827 eingeweihten Friedhof an der Schönhauser Allee begraben. Von den Nazis geschändet und von den Bomben im Zweiten Weltkrieg schwer beschädigt, begannen 1990 umfangreiche Restaurierungsarbeiten. Die 150-jährigen Kastanien und Platanen wurden vom Wildwuchs befreit, die Wege gerichtet und umgestürzte Grabmale, Stelen und Obelisken wieder aufgestellt. Da man jedoch nicht mehr alle zuordnen konnte, hat man am Eingang zum denkmalgeschützten Gottesacker ein Lapidarium eingerichtet, einen würdigen „Ort der Bewahrung“.

› U2 Senefelder Platz

› Schönhauser Allee 22, Mo.–Do. 8–16, Fr. 7.30–13 Uhr, Eintritt frei

106 KulturBrauerei ★ [M1]

Über das gesamte Areal zwischen Schönhauser Allee, Sredzki-, Knaack- und Danziger Straße erstreckt sich das Gelände der Mitte des 19. Jh. erbauten, ehemaligen Schultheiß-Brauerei. Bier gebraut wird dort bereits seit 1967 nicht mehr und bis zur Wende waren in den Gebäuden und Höfen ein Möbelhaus, ein Sportkasino und seit 1970 der legendäre „Franz-Klub“ untergebracht, der mit Rock-, Pop- und Tanzmusik bald in der gesamten DDR von sich reden machte.

Nach der Sanierung 1998–2001 zog neben einem Multiplex-Kino und einem Lebensmitteldiscounter auch das kulturelle Leben in die Kulturbrauerei wieder ein. Eine Bierterrasse für Prenzlberg-Hipster, Kleinkunstbühnen sowie eine Konzerthalle im alten Kesselhaus, dazu zwei der hippsten Tanzklubs Berlins, der Soda Club und die Alte Kantine, machen die alte Brauerei zu einem der angesagtesten Veranstaltungsorte Berlins.

› Knaackstraße 97, www.kulturbrauerei.de

› U2 Eberswalder Straße

Vom Mauerpark zum Zionskirchplatz

An der Grenze zwischen Wedding und Prenzlauer Berg verläuft am ehemaligen Mauerstreifen der **Mauerpark** [L1], neben dem Kreuzberger Görlitzer Park wohl die „szenigste“ Grünanlage Berlins. Freizeitkicker,

KLEINE PAUSE

Prater
Vor gut 180 Jahren existierte am Ort bereits ein Bierausschank. 1867 wurde eine Konzession für die „Aufführung von Lustbarkeiten“ erteilt und heute ist die Freiluft-Institution unter alten Kastanien in der Kastanienallee mit gut 600 Sitzplätzen der größte Berliner Biergarten (s. S. 102).

Jongleure und Hobbymusiker, Jugendliche, Familien und Rentner, Kiffer und Sonnenanbeter geben sich auf dem schmalen Grünstreifen ein Stelldichein. Besonders beliebt sind der **Flohmarkt** (sonntags 9–18 Uhr) und die **Kult-Karaoke** für alle Möchtegern-Vokalisten im Amphitheater (sonntagnachmittags gegen 15 Uhr).

Zahlreiche **Cafés, Gastwirtschaften und kleine Läden** säumen um die Ecke die quirlige Oderberger Straße [M1/2] ebenso wie die **Kastanienallee** [M2], Letztere *die* Szenemeile im Prenzlauer Berg und wegen ihrer Nachwuchsdesigner-Labels, Off-Galerien, schrägen Friseurläden und alternativen Filmproduktionsbuden auch „Castingallee“ genannt.

Nahebei erhebt sich seit 1873 am Zionskirchplatz die neoromanische **Zionskirche** [M2]. 1931 wurde dort Dietrich Bonhoeffer Gemeindevikar. Die Arbeit im damaligen Arme-Leute-Bezirk prägte den Theologen der Bekennenden Kirche und Widerstandskämpfer gegen das NS-Regime nachdrücklich. Ab Anfang der 1980er-Jahre entwickelte sich die Zionskirche – zusammen mit der Gethsemanekirche weiter nördlich nahe S- und U-Bahnhof Schönhauser Allee – mit den Auseinandersetzungen um die Umweltbibliothek zum Zentrum der DDR-Opposition.

Friedrichshain-Kreuzberg

Multikulti, kunterbunt – Menschen aus aller Welt leben in Friedrichshain-Kreuzberg. 2001 wurde der Ost-West-Bezirk aus hüben Friedrichshain und drüben Kreuzberg zusammengeschweißt – vereint durch die türmchengekrönte Oberbaumbrücke.

107 Karl-Marx-Allee ★ [P5]

Auf dem gut zwei Kilometer langen Abschnitt zwischen Straußberger Platz und Frankfurter Tor erhebt sich Deutschlands monumentalste Nachkriegsbebauung. Im stalinistischen **Zuckerbäckerstil** wuchsen die Gebäude 1952–1960 aus den Kriegstrümmern empor. Für die Planung verantwortlich zeichnete sich ein Architektenkollektiv, dem u.a. die DDR-Stararchitekten Hermann Henselmann und Richard Paulick angehörten.

Das westliche Entree bildet der kreisrunde **Strausberger Platz** [O5], der von 1952 bis 1955 entstand. Am 16. Juni 1953 ging von hier der DDR-Volksaufstand aus, den sowjetische Panzer am 17. Juni niederzwangen.

Bereits im Januar 1952 war in nur 121 Tagen Bautätigkeit Henselmanns neungeschossiges **Hochhaus an der Weberwiese** [P5] (Marchlewskistr. 25) fertiggestellt worden, das erste Wohnhochhaus der DDR. Im selben Jahr begann man mit der Errichtung der sieben- bis neungeschossigen, kachelverkleideten Wohnhäuser im Großmaßstab. Das „Schaufenster des Ostens“ wurde von Aufbauhelfern errichtet – Frauen und zahlreiche

◁ *Auf dem Jüdischen Friedhof*

Werktätige, die nach der Arbeit noch drei „Aufbaustunden“ dranhängten. Schon im Dezember 1952 konnten die ersten 148 von insgesamt 5000 Wohnungen bezogen werden.

Von Architekt Henselmann stammen ferner die beiden 1960 fertiggestellten **Turmkuppelhäuser am Frankfurter Tor** [Q5], die die Monumentalbebauung im Osten abschließen.

› U5 Strausberger Platz, Weberwiese und Frankfurter Tor

108 Volkspark Friedrichshain ★ [O3]

1846 eröfnet, ist er gewissermaßen der Urgroßpapa aller Berliner Volksparks und war seinerzeit das Gegenstück zum vornehmen Tiergarten. Auf 40 Hektar Grünfläche diente der Friedrichshain nicht nur zum Promenieren, sondern Groß und Klein durften ihn sogar aktiv nutzen. 1913 gesellte sich an der westlichen Spitze der **Märchenbrunnen** mit Skulpturen aus Märchen der Brüder Grimm hinzu, nach dem Zweiten Weltkrieg wurden aus Kriegstrümmern der Große und der Kleine Bunkerberg aufgeschichtet. Für Speis und Trank sorgt Café Schönbrunn (tgl. ab 10 Uhr).

› Bus 200

109 Eastside Gallery ★★★ [P7]

Auf rund 1300 Metern erstreckt sich zwischen Spree und Mühlenstraße das längste noch verbliebene Stück der Ostberliner Hinterlandmauer. 1990 wurde sie von Künstlern aus 21 Ländern bemalt und damit zur längsten Open-Air-Galerie der Welt. Die zwischenzeitlich stark verblassten, teils abgeblätterten Gemälde – u.a. der berühmte „Bruderkuss“ von Dmitrij Vrubel – wurden nach der Sanierung des Mauerstücks bis Herbst 2009 von den Künstlern neu aufgetragen.

› S, U1 Warschauer Straße

Der Strausberger Platz, ehedem Pforte zum „Schaufenster des Ostens“

110 Oberbaumbrücke ★★ [P7]

Seit 1896 verbindet die backsteinrote Oberbaumbrücke das östliche und westliche Spreeufer. Ihr Name erinnert daran, dass sich am Oberbaum einst eine Berliner Zollstation befand, die den Spreekähnen mit einem abgehängten Baumstamm die Durchfahrt versperrte. Ab 1902 ratterte im Obergeschoss die U-Bahn über die Gleise, während der Teilung Berlins ruhte der Zugverkehr und bis auf einen streng bewachten Fußgänger-Grenzübergang war die Brücke komplett abgeriegelt. Seit 1995 rollen die Züge wieder.

Ostwärts geht der Blick von der Brücke auf den hoch aus dem Spreewasser herausragenden, ziemlich durchlöcherten **Molecule Man**, den der amerikanische Bildhauer Jonathan Borofsky schuf.

› S und U1 Warschauer Straße, U1 Schlesisches Tor

111 Oranienstraße ★ [N7]

Ein Hauch autonomes Kreuzberg-Flair hat sich im Kiez rund um die Oranienstraße aus den 1980er-Jahren ins 21. Jahrhundert gerettet. Streetware-Shops sorgen fürs passende Outfit, alternative Buch-, Platten-, Bio- und Feinkostläden wechseln sich mit Off-Galerien, Brutzelbuden, Restaurants, Bars, Cafés und Wirtschaften ab. Am Kneipenrondell **Heinrichplatz** drängelt man sich drinnen und draußen im „Bateau Ivre“, im „Elefant“ oder der „Roten Harfe“.

› U1 Görlitzer Park oder Kottbusser Tor, Bus M29

EXTRATIPP

Punk in the City

1974 gegründet, werden die **Ramones** als Pioniere des Punkrock gefeiert. Mit über 300 Ausstellungsstücken erinnert das weltweit erste und einzige Ramones Museum an die legendäre US-Kultpunkband. In der zugehörigen Kneipe gibt's Kaffee, Kuchen und Bier, natürlich!

M8 [P7] **Ramones Museum**, Oberbaumstraße 5 (U1 Schlesisches Tor), www.ramonesmuseum.com, tgl. 10–22 Uhr, Eintritt 4,50 €

112 Neues Kreuzberger Zentrum ★ [N7]

Am Kottbusser Tor erhebt sich mit dem gewaltigen Betonriegel, kurz „NKZ“ genannt, eine „Sehenswürdigkeit“ der anderen Art. Das Ungetüm aus Zeiten der Kahlschlagsanierung in den 1970er-Jahren war lange sozialer Brennpunkt und ist heute von Gentrifizierung bedroht. Im „Café Kotti“ auf der Galerie im 1. Stock (tgl. ab 19 Uhr) trifft sich der typische Kotti-

103be Abb.: kj

□ *Berlin an der Oberbaumbrücke – Altes geht und Neues entsteht*

Xhain-Partytrail

Von der Friedrichshainer Simon-Dach-Straße und dem RAW-Gelände über den Kreuzberger Wrangelkiez und Görlitzer Park bis nach „Kreuzkölln“ im Bezirk Neukölln zieht sich die Partymeile in Friedrichshain-Kreuzberg („Xhain“). Hier feiert die Jugend der Welt. In der Simon-Dach-Straße [Q6] und rundum reiht sich ein Lokal ans andere, von Scharen junger Leute bevölkert, die gefühlt „endlos“ viele Kneipen durchziehen. Um die Ecke wartet das RAW-Gelände mit einer bunten Mischung aus Klubs, Bars und Biergärten auf. Das „Cassiopeia“ (Konzerte, Partys, Biergarten, Freiluftkino, s. S. 99) oder der „Suicide Circus“ (Techno-Klub) zählen zu den angesagten Locations auf dem Gelände des ehemaligen Reichsbahnausbesserungswerks. Mit seinen morbiden Industrieruinen gehört das RAW zu den letzten innerstädtischen Brachen Berlins.

Rund um die Oberbaumbrücke residieren am Friedrichshainer Ufer im 1929 errichteten Eierspeicher Universal Music und in der benachbarten Lagerhalle der Musiksender MTV. Am Kreuzberger Ufer tanzt man bis morgens im „Watergate“ (s. S. 104) über der Spree und zieht dann weiter in die Klubs, Cafés und Bars im Wrangelkiez, entweder durch die Falckensteinstraße – im Sommer ein großes Freiluft-Wohnzimmer – zum Chillen und Grillen in den Görlitzer Park oder ostwärts durch die Schlesische Straße mit ihren zahlreichen Gaststätten zur Lohmühleninsel, um z. B. im „Chalet“ (s. S. 103) im ehemaligen Steuerhaus der Königlichen Wasserinspektion zu Elektrotunes abzuhotten bzw. es sich nebenan bei „Birgit & Bier“ (s. S. 100) im Rummelbiergarten gemütlich zu machen, nach 22 Uhr mit Tanz. Im „Freischwimmer“ (s. S. 101) sitzt man im Bootshaus über dem Flutgraben, und in der Spree schwimmen (im Winter Sauna) kann man schräg

359be-kj

gegenüber im „Badeschiff“ am Arena-Gelände. Ufernah wurde zu diesem Zweck ein Wasserbecken in den Osthafen eingelassen, und wenn der Bademeister Punkt Mitternacht Feierabend macht, wird der Bikini zum Cocktail-Schlürfen gegen das „kleine Schwarze“ getauscht.

Die „Arena“ selbst – mit beliebter großer Konzerthalle – verwandelt sich an jedem Wochenende in einen riesigen Trödelmarkt (s. S. 107).

S9 [Q8] **Badeschiff**, S und U1 Warschauer Straße, U1 Schlesisches Tor, Bus 265 Mai–Sept. tgl. 9–24, Eintritt 5,50 €, erm. 3 €, Kinder 6–12 Jahre 2 €, unter 6 Jahren frei

Vorsicht vor Dieben!

Der Partykiez zwischen RAW-Gelände, Görlitzer Park und Kottbusser Tor ist nicht ungefährlich. Raub- und Gewaltdelikte haben empfindlich zugenommen. Gruppen meist junger Männer benutzen den Antanz- oder den Rempeltrick, um am liebsten Touristen um ihre Brieftaschen, Handys und Autoschlüssel zu erleichtern. Immer öfter kommen dabei auch vorgehaltene Messer ins Spiel.

Nehmen Sie deshalb keine unnötigen Wertsachen mit, tragen Sie Ihr Geld unter der Kleidung am Körper, gehen Sie nicht in unbeleuchtete Ecken, lassen Sie sich nicht antanzen und gehen Sie nicht nachts in den Görlitzer Park.

KLEINE PAUSE

Betonwüste zu Blumenwiese

In den Prinzessinnengärten am Moritzplatz lässt die Kreuzberger Nachbarschaft Gemüse gedeihen. Gemeinschaftsgärtnern ist Trend, und das bretterbudige Garten-Café bietet dazu regionale Bio-Kost und lecker zubereitetes Selbstgezogenes.

12 [M7] **Prinzessinnengärten,** Moritzplatz (U8 Moritzplatz), April–Okt. tgl. 11–24 Uhr, http://prinzessinnengarten.net

KLEINE PAUSE

Im Tempel baden gehen!

Im 1914 erbauten **Stadtbad Neukölln** lässt es sich zwischen Travertinsäulen und Wandelgängen, die an antike Tempel erinnern, nach einem Citybummel bei einem Bad herrlich entspannen.

S10 [P10] **Stadtbad Neukölln,** Ganghoferstr. 3, Berlin-Neukölln, www.berlinerbaeder.de, Tel. 22190011, variierende Öffnungszeiten siehe Website.

Mix aus (post-)migrantischem und biodeutschem Kreuzberger Publikum. Um die Ecke in der Adalbertstraße informiert das Friedrichshain-Kreuzberg Museum über die Geschichte des Stadtteils, der Hausbesetzer-Bewegung und sanften Stadtsanierung.

11 [N7] **Friedrichshain-Kreuzberg Museum,** Adalbertstraße 95a, Mi.–So. 10–19 Uhr, Eintritt frei

113 Kreuzberg 61 ★ [K9]

Nach den alten Postzustellbezirken wird Kreuzberg nördlich vom Landwehrkanal „SO 36" und südlich „61" genannt. Anziehungspunkt in „61" ist der **Bergmannkiez** zwischen Bergmannstraße, Marheineke- und Chamissoplatz. An Café-, Bar- und Alternativshop-Kultur steht er dem nördlichen Kreuzberg nicht nach, mit dem Unterschied: Im südlichen Kreuzberg ging es schon immer ein bisschen schnieker zu.

Das RAW-Gelände: Partyzone mit morbidem Charme

Wer in die quirlige Kiez-Atmosphäre eintauchen möchte, dem sei ein Bummel über die Bergmannstraße zur **Marheineke-Markthalle** (s. S. 107) empfohlen, wo man sich durch allerlei Spezialitäten aller Kreuzberger Nationalitäten durchfuttern kann.

Nahebei bietet der **Kreuzberg im Viktoriapark** [J9], 66 m hoch, einen spannenden Blick über die Stadt. Seit 1821 ist der „Berg" vom **Schinkelschen Nationaldenkmal** gekrönt. Mit einem Eisernen Kreuz obenauf hat das Denkmal dem Stadtteil seinen Namen gegeben.

Vom südlichen Kreuzberg bis fast zum Potsdamer Platz reicht das Grün des **Gleisdreieckparks** [I7–J8]. Der neue Lieblingspark der Berliner, 2013 eingeweiht, wurde in einem jahrelangen, reibungsvollen Prozess zwischen Behörden und Bürgerinitiativen miteinander entwickelt. Dabei herausgekommen ist ein grünes Kleinod, das auf vielfältige Art Natur, Erholung und Freizeitsport auf engen 26 ha miteinander vereint – und dafür zahlreiche Preise einheimste. Kultiger Einkehrpunkt dort ist das **BRLO Brwhouse** in übereinandergestapelten Schiffscontainern und draußen mit einem Gleisdreieck-Biergarten (s. S. 100).

Ausflüge in die Außenbezirke

114 Köpenick ★★ [S. 152]

Im Südosten Berlins dehnt sich bei Köpenick mit vier Kilometern Länge und einer Breite von gut zwei Kilometern der Große Müggelsee aus, laut Theodor Fontane einer der „größten und schönsten unter den märkischen Seen.“ Darüber hinaus wurde Köpenick 1906 mit seiner „Köpenickiade“ weltbekannt: Der Schuster Wilhelm Voigt marschierte seinerzeit, als Hauptmann verkleidet, mit einer Handvoll Soldaten ins Rathaus ein, verhaftete den Bürgermeister und konfiszierte die Stadtkasse – womit er die ganze Welt zum Lachen über die obrigkeitsgläubigen Preußen brachte.

082be-kj

Im 1901–1904 in märkischer Backsteingotik errichteten **Rathaus** im Herzen der Altstadt von Köpenick erzählt eine kleine Hauptmann-Ausstellung davon. Nur einen Steinwurf von der Altstadt entfernt thront auf der Schlossinsel das 1677–1690 im Barockstil erbaute **Schloss Köpenick**. Seit 2004 beherbergt es das **Kunstgewerbemuseum** (s. S. 88) der Staatlichen Museen und ermöglicht mit Tapisserien und Porzellanen, holzvertäfelten Salons sowie dem Spiegelkabinett aus Schloss Wiesentheid und einem Turiner Chinesenzimmer Einblicke in die bürgerlichen und höfischen Wohnmoden vom 16. bis zum 18. Jahrhundert.

Die „Badewanne“ dazu befindet sich wenige Kilometer weiter bei Rahnsdorf am nordöstlichen Müggelseeufer. Beinahe zwölf Hektar umfasst das **Strandbad Müggelsee** mit einem ebenso breiten wie langen Sandstrand; und ebenso wie sein Pendant an der Havel, das Strandbad Wannsee, gilt es als wegweisend in der Geschichte der modernen Architektur. 1929/30 entstand die Anlage nach einem Entwurf Martin Wagners mit einem kurvenförmigen, zweigeschossigen Servicegebäude im Stil Neuer Sachlichkeit.

› S3 Köpenick, Bus 164, 167, Tram 27, 60, 61, 62, 67

i 13 Touristeninformation Köpenick, Alt Köpenick 31–33 (am Schlossplatz), Berlin-Köpenick, Tel. 6557550, www.tkt-berlin.de, Mo.–Fr. 9–18, Sa. 10–13 Uhr

[<] Der markante Turm des Köpenicker Rathauses

› **Kunstgewerbemuseum Schloss Köpenick** (s. S. 88), auf der Schlossinsel

S14 **Strandbad Müggelsee,** Fürstenwalder Damm 838, Berlin-Rahnsdorf (S3 Friedrichshagen, Bus 161, Tram 61), Mai–Sept. tgl. von 9 Uhr bis Sonnenuntergang, freier Eintritt

115 Zitadelle Spandau ★★ [S. 152]

Spandau ist älter als Berlin! Schon 1232 bekam es die Stadtrechte verliehen und verlor seine Selbstständigkeit erst 1920 mit der Eingemeindung nach Groß-Berlin – unter großem Protest der Spandauer Bevölkerung.

Im Gegenzug war Spandau für die Berliner lange Zeit mit einer Warnung verbunden. „Hüt Er sich, dass Er nicht nach Spandau kömmt!", drohte schon Friedrich der Große seinen aufmüpfigen Untertanen – denn **Spandau bedeutete Festungshaft.** „Ab in den Julio!" lautete ein Synonym für das Einsitzen im Juliusturm, Spandaus Wahrzeichen und mit seinem auf das 13. Jahrhundert datierenden Sockel ältester Teil der Spandauer Zitadelle.

Unter Einbeziehung des Juliusturms ab 1559 am Platz einer älteren Burg erbaut, zählt die Zitadelle heute zu den bedeutendsten Festungsbauwerken der Hochrenaissance in Europa. Im Auftrag von Kurfürst Joachim II. errichteten zunächst Baumeister Chiaramelle de Gandino und ab 1578 maßgeblich Rochus Graf zu Lynar eine damals völlig neuartige Militärarchitektur: Die Batterietürme wurden durch weit **in den Festungsgraben vortretende, gewaltige Bastionen** ersetzt, von denen herab man auf allen Fronten gleichzeitig Feuerschutz geben konnte. 1594 war der Bau der schier unbezwingbaren Zitadelle vollendet.

Von der 30 Meter hohen Aussichtsplattform des **Juliusturms** bietet sich ein wunderschöner Blick über die Spandauer Altstadt. Im **Torhaus** wird die Geschichte der Zitadelle aufgezeigt und im **Zeughaus** ist das Stadtgeschichtliche Museum Spandau untergebracht.

› **Zitadelle Spandau,** Am Juliusturm (U7 Zitadelle), www.zitadelle-spandau.de, tgl. 10–17 Uhr, Eintritt 4,50 €, erm. 2,50 €

i15 **Touristeninformation Spandau,** im Gotischen Haus, Breite Straße 32, Berlin-Spandau (U7 Altstadt Spandau), Tel. 3339388, www.spandau-tourist-information.de, Mo.–Sa. 10–18 Uhr

0081be-kj

In der Spandauer Zitadelle sind eine Reihe von Heldenfiguren der ehemaligen Siegesallee im Tiergarten ausgestellt

116 Vom Wannsee zur Glienicker Brücke ★★ [S. 152]

„Pack die Badehose ein!" heißt es nicht erst, seit die kleine Conny Froboess 1951 den Ohrwurm schmetterte und den Großen Wannsee damit in ganz Deutschland bekannt machte. Schon seit 1907, jenem Jahr, in dem der Berliner Freibäderverein das **Strandbad Wannsee** gründete, taucht man im Südwesten Berlins in die Fluten. 1929/30 nahm die Anlage mit 130.000 Quadratmetern Wasserfläche, 225.000 Quadratmetern Land und einem fast 1,3 Kilometer langen und zwischen 50 und 80 Meter breiten Strand, so wie sie heute steht, nach Plänen von Richard Ermisch und Martin Wagner mit Servicegebäuden im Stil der Neuen Sachlichkeit Gestalt an.

Gegenüber am westlichen Wannseeufer erzählt das **Haus der Wannseekonferenz** von einem dunklen Kapitel der deutschen Geschichte. Im Januar 1942 wurde in der prächtigen Villa auf der berüchtigten Wannseekonferenz die organisatorische Durchführung der sogenannten **„Endlösung der Judenfrage"** verhandelt. Das Haus ist heute Gedenkstätte und widmet sich mit Ausstellungen der Bedeutung der Konferenz sowie den an der Organisation und Ausführung des Völkermords beteiligten Ämtern und Personen.

S16 **Strandbad Wannsee,** Wannseebadweg 25, Berlin-Zehlendorf (S1, S7 Nikolassee, Bus 218), www.berlinerbaeder.de, April–Aug. Mo.–Fr. ab 10 Uhr, Sa./So. ab 8 Uhr, März/Sept. Mo.–So. ab 10 Uhr, Eintritt 5,50 €, erm. 3,50 €

M17 **Gedenkstätte Haus der Wannseekonferenz,** Am Großen Wannsee 56–58, Berlin-Zehlendorf (Bus 114 ab S-Bahnhof Wannsee), Tel. 8050010, www.ghwk.de, tgl. 10–18 Uhr (außer an gesetzlichen Feiertagen), freier Eintritt

259be-nw

117 Pfaueninsel ★★★ [S. 152]

Eine „Oase, ein Blumenteppich inmitten der Mark" nannte Fontane schwärmerisch die vom Havelwasser umspülte Pfaueninsel. 1793 erwarb König Friedrich Wilhelm II. das anderthalb Kilometer lange und 500 Meter breite Eiland für sich und seine Geliebte und ließ auf dem südwestlichen Zipfel 1794–1797 ein **schneeweißes Schloss** in der damals modischen Form einer romantischen Ruine errichten. Die Inneneinrichtung ist original erhalten, vom Hammerklavier bis zum echten, in jenen Tagen von den Dienern je nach Bedürfnis durch die Burg getragenen Königs-WC.

Unter König Friedrich Wilhelm III. verwandelte Gartenbaumeister Peter Joseph Lenné die Pfaueninsel ab 1822 in einen **märchenhaften Landschaftspark**. In der Inselmitte liegt das von Karl Friedrich Schinkel umgestaltete **Kavalierhaus**, am nördlichen Ende der Insel schnattern auf einem kleinen Bauernhof nicht weit entfernt von der 1794/95 im Stil einer gotischen Kirche errichteten **Meierei** Gänse und Enten. Östlich davon erhebt sich der kleine **Luisentempel** zum Andenken an die jung verstorbene Gemahlin Friedrich Wilhelms III., die von Volk wie Hochadel gleichermaßen geliebte Königin Luise.

Zusammen mit den Potsdamer Schlössern und Parks sowie Schloss und Park Glienicke gehört die Pfaueninsel seit 1990 zum **Weltkulturerbe**. Eine Personenfähre pendelt kontinuierlich zwischen Insel und Festland.

‹ Die Glienicker Brücke – hier verlief einst die Trennlinie zwischen den Weltblöcken

› Bus 218 ab S-Bahnhof Wannsee
› **Fähre:** Mai–Aug. tgl. 9–20 Uhr, März/Okt. tgl. 9–18 Uhr, April/Sept. tgl. 9–19 Uhr, Nov.–Feb. tgl. 10–16 Uhr, Tickets 4 €, erm. 3 €
M19 **Schloss Pfaueninsel,** Besichtigung nur mit Führung, April–Okt. Di.–So. 10–17.30 Uhr, Eintritt. 6 €, erm. 5 €
› **Meierei,** April–Okt. Sa./So. 10–17.30 Uhr, Eintritt 2 €

118 Schloss und Park Glienicke ★★★ [S. 152]

Wie die Pfaueninsel zählt auch Schloss Glienicke und der umgebende, weitläufige Park mitsamt seinen zahlreichen Lustbauten seit 1990 zum Weltkulturerbe. Die Anlage im äußersten südwestlichen Zipfel Berlins geht auf das Jahr 1824 zurück, als Prinz Carl von Preußen von einer Italienreise heimgekehrt war und beschloss, seinen italienischen Traum an der Havel Wirklichkeit werden zu lassen. Hierfür wurde ein bereits vorhandenes Gutshaus ab 1825 von Karl Friedrich Schinkel zum dreiflügeligen **Schloss Glienicke** im klassizistischen römischen Landhausstil umgebaut. Auch die Innengestaltung entspringt von der Farbgebung bis hin zum kostbaren Mobiliar den Entwürfen des großen preußischen Baumeisters, darunter der Festsaal oder die Gemächer des Prinzen Carl und

KLEINE PAUSE

Wirtshaus zur Pfaueninsel

Das Wirtshaus lädt mit seinem schönem Biergarten hinter dem Schilf zur Einkehr ein.

18 **Wirtshaus zur Pfaueninsel,** Pfaueninselchaussee 100, Tel. 8052225, www.pfaueninsel.de, im Sommer Di.–So. ab 10 Uhr, im Winterhalbjahr Mi.–So. ab 10 Uhr

seiner Gemahlin, die man besichtigen kann.

Die Schlossfront zur Königsstraße hin schmückte Schinkel 1838 mit der **Löwenfontäne.** 1825/26 erfolgte dort außerdem der Umbau eines alten Gartenhäuschens zur **Kleinen Neugierde,** einem Teepavillon, von dem aus man die zwischen Berlin und Potsdam auf der Königstraße pendelnden königlichen Kutschen vortrefflich beobachten konnte. Die Errichtung der **Großen Neugierde,** des größeren Aussichtspavillons fast bei der Glienicker Brücke, wurde 1835 in Angriff genommen.

Bereits 1824/25 verwandelte Schinkel am Havelufer ein älteres Billardhaus in ein von weinumrankten Pergolen umstandenes **Casino,** das fortan als königliches Gästehaus diente. Den **Jägerhof** im Norden des Parks, der mit seinen Zinnen und Tudorbögen Stilformen der englischen Gotik zitiert, ließ der Baumeister 1828 errichten.

Ludwig Persius ist ein weiterer großer Name, der mit Schloss und Park Glienicke verbunden ist. Nach Plänen des Schinkel-Schülers entstanden 1838/39 das **Hofgärtnerhaus** und das **Maschinenhaus,** mit dessen Hilfe Wasser für die Brunnen und künstlichen Seen im Park aus der Havel gepumpt wurde, 1839 die **Orangerie** sowie 1840 das **Stibadium,** das als erhobener Sitzplatz unter dem zeltartigen, auf kleinen dorischen Säulen ruhenden Holzdach gute Aussicht bietet.

1850 folgte zwischen Casino und Schloss abschließend der romantische **Klosterhof,** den viele Besucher als das **schönste Bauwerk der gesamten kunstvollen Anlage** bezeichnen. Stein für Stein wurden seine Gemäuer aus originalen Architekturteilen eines römisch-byzantinischen, 1840 abgerissenen venezianischen Kartäuserklosters geschaffen.

An weiterer Parkausstattung sei noch die **Teufelsbrücke** genannt, die Persius 1838 über eine künstliche Schlucht spannte. Zusammen mit dem gotisierenden Jägerhof, den Havelsteilufern und einem wildromantisch zu Tal stürzenden Wasserfall stellte der nördliche Parkteil das kühlere „Deutschland" vor, während der Süden der Anlage mit ihren Bauten nach der Idee der Architekten „Italien", das Land der Sehnsucht, symbolisiert.

› Bus 316 ab S-Bahnhof Wannsee

› **Schloss Glienicke,** Königstraße 36, Tel. 0331 9694200, www.spsg.de, März Sa./So. 10–16 Uhr, April–Okt. Di.–So. 10–17.30 Uhr, Nov./Dez. Sa./So. 10–17 Uhr, Eintritt 6 €, erm. 5 €

119 Glienicker Brücke ★ [S. 152]

Die Glienicker Brücke verbindet Berlin und Potsdam über eine Havelenge hinweg. Dass die 1907/08 erbaute, vergleichsweise schlichte Brücke Weltbekanntheit erlangte, rührt aus den Zeiten der deutschen Teilung, als die feindlichen Militärblöcke zwischen ihren schmiedeeisernen Brückenköpfen in spektakulären Aktionen Spione und politische Häftlinge austauschten. Heute bietet sich die Glienicker Brücke vor allem als herrlicher Aussichtspunkt auf Wasser und Land und die 1990 von der UNESCO zum Weltkulturerbe erklärte Potsdamer Schlösser- und Gartenlandschaft an.

› Bus 316 ab S-Bahnhof Wannsee

BERLIN ERLEBEN

311be-nw

301be-nw

Berlin für Kunst- und Museumsfreunde

Eine auf den ersten Blick verwirrende Vielfalt prägt die Berliner Museumslandschaft mit über 170 Museen und rund 500 Galerien. Unbedingt sehen sollte man die wichtigsten Staatlichen Museen zu Berlin, die rund 6000 Jahre Kunst- und Kulturgeschichte der Menschheit zeigen. Nicht weniger spektakulär sind z. B. das Deutsche Historische Museum, das Jüdische Museum oder das Deutsche Technikmuseum. Und wer sich für die Berliner Stadt- und Kulturgeschichte interessiert, darf die Museen unter dem Dach der Stiftung Stadtmuseum Berlin nicht verpassen.

Staatliche Museen

An insgesamt fünf Standorten versammeln sich die Staatlichen Museen zu Berlin – Stiftung Preußischer Kulturbesitz (SMPK) – mit ihren sehenswerten Kunstschätzen.

› **Informationen** beim Besucherservice unter Tel. 266424242 und auf der Seite der SMPK, www.smb.museum

› **Eintrittskarten** kosten je nach Museum zwischen 6 und 12 €, ermäßigt zwischen 3 und 6 €, für Menschen unter 18 Jahre und ALG-II-Bezieher ist der Eintritt frei.

Standort Museumsinsel

32 [L4] **Alte Nationalgalerie.** Malerei und Skulptur des 19. Jahrhunderts (s. S. 34).

29 [L4] **Altes Museum.** Herausragende Antikensammlung mit griechischen, etruskischen und römischen Skulpturen, Vasen, Bronzen und Schmuck (s. S. 33).

33 [L4] **Bode-Museum.** Münzkabinett, Byzantinische Kunst und berühmt für seine Skulpturensammlung (s. S. 34).

26 [L5] **Friedrichswerdersche Kirche.** Deutsche Bildhauerkunst des frühen 19. Jahrhunderts. **Bis auf Weiteres geschlossen** (s. S. 31).

Vorseite: Der Berliner Dom 35, ein Prachtstück in überschwänglichem Neobarock

Eine Ikone der Architektur: die Neue Nationalgalerie von Ludwig Mies van der Rohe

31 [L4] **Neues Museum.** Ägyptisches Museum, Papyrussammlung und Museum für Vor- und Frühgeschichte. Berühmtestes Ausstellungsstück: die Büste der Nofretete (s. S. 34).

34 [L4] **Pergamonmuseum.** Antikensammlung, Vorderasiatisches Museum, Museum für Islamische Kunst. **Wegen Sanierung ist der Saal mit dem Pergamonaltar bis 2023 nicht zugänglich** (s. S. 35).

Standort Kulturforum Potsdamer Platz – Tiergarten

85 [I6] **Gemäldegalerie.** Europäische Malerei vom 13. bis 18. Jahrhundert (s. S. 62).

64 [J3] **Hamburger Bahnhof – Museum für Gegenwart.** Gegenwartskunst, Sammlung Marx und „Flick Collection“ (s. S. 52).

85 [I6] **Kunstbibliothek.** Schriften zu Kunst und Architektur von der Spätantike zur Gegenwart (s. S. 62).

85 [I6] **Kunstgewerbemuseum.** Europäisches Kunsthandwerk aller nachantiken Stilepochen (s. S. 62).

85 [I6] **Kupferstichkabinett.** Zeichnungen, Aquarelle, Pastelle, Druckgrafiken von Botticelli bis Warhol (s. S. 62).

M20 [I6] **Musikinstrumenten-Museum,** Ben-Gurion-Straße (S1, S2 und U2 Potsdamer Platz, Bus M48 Kulturforum, 200, 347 Philharmonie), Di.–Fr. 9–17 Uhr, Do. bis 20 Uhr, Sa./So. 10–17 Uhr, Eintritt 6 €, erm. 3 €. Direkt neben der Philharmonie können gut 800 Instrumente und Objekte aus dem 16.–20. Jh. bewundert werden, darunter eine Mighty-Wurlitzer-Kinoorgel der 1920er-Jahre, die immer im Mittwochskino zu Stummfilmklassikern erklingt.

86 [I6] **Neue Nationalgalerie.** Werke der klassischen Moderne sowie spektakuläre Wechselausstellungen. **Wegen Sanierung für mehrere Jahre geschlossen** (s. S. 63).

Standort Charlottenburg

100 [C4] **Bröhan-Museum.** Kunsthandwerk des Jugendstil, Art déco und Funktionalismus (s. S. 70).

M21 [B4] **Gipsformerei.** Sophie-Charlotte-Straße 17/18 (S41, S42 Westend, Bus M45, 309, 139), Mo.–Fr. 9–16, Mi. bis 18 Uhr, Eintritt frei. Gips- und Bronzeabgüsse berühmter Skulpturen.

100 [C4] **Museum Berggruen.** Werke der Klassischen Moderne, z. B. Picasso (s. S. 70).

M22 [F6] **Museum für Fotografie – Helmut Newton Stiftung.** Jebenstraße 2, Berlin-Charlottenburg (S u. U2, U9 Zoologischer Garten), Di.–So. 11–19, Do. bis 20 Uhr, Eintritt 10 €, erm. 5 €. Sammlung des Fotokünstlers Helmut Newton.

100 [C4] **Museum Scharf-Gerstenberg.** Kunst des Surrealismus (s. S. 70).

Standort Dahlem

M23 [C12] **Museum Europäischer Kulturen,** Arnimallee 25 (U3 Dahlem-Dorf, Bus M11, X83, 101, 110), Di.–Fr. 10–17 Uhr, Sa./So. 11–18 Uhr, Eintritt 8 €, erm. 4 €. Europäische Alltagskulturen und Lebenswelten vom 18. Jahrhundert bis heute.

› Das **Ethnologische Museum** und das **Museum für Asiatische Kunst** sind geschlossen und werden nach ihrem Umzug voraussichtlich 2019 im Humboldt-Forum wiedereröffnen.

EXTRATIPP

Schaulustig

Der **Museumspass** für 29 € (erm. 14,50 €) bietet Museumsliebhabern an drei aufeinander folgenden Tagen Eintritt in über 30 Berliner Museen und Sammlungen, darunter die Berliner Stadtmuseen, das Deutsche Technikmuseum oder die Staatlichen Museen zu Berlin auf der Museumsinsel.

EXTRAINFO

Tickets im Netz bestellen

Die Eintrittskarten für die Staatlichen Museen zu Berlin lassen sich online bestellen. Sie werden per E-Mail zugesendet und einfach ausgedruckt, sodass das Anstehen in der Schlange entfällt. Die Tickets gelten meist für einen Tag und mehrere Ausstellungen.

› www.smb.museum/besuch-planen/preise-tickets.html

Standort Köpenick

24 **Kunstgewerbemuseum Schloss Köpenick,** Schlossinsel, Berlin-Köpenick (S3 Köpenick, Bus 164, 167, Tram 60, 61, 62, 63), April–Sept. Di.–So. 11–18 Uhr, Okt.–März Do.–So. 11–17 Uhr, Eintritt 6 €, erm. 3 €. Repräsentationskultur des 16.–18. Jahrhunderts.

Stadtmuseum Berlin

25 [M5] **Ephraim-Palais,** Poststraße 16, Berlin-Mitte (S Alexanderplatz, U2, U5, U8 Alexanderplatz, U2 Klosterstraße, Bus M48, 100, 200, 248), Do.–So. und Di. 10–18, Mi. 12–20 Uhr, Eintritt 6 €, erm. 4 €. Wechselausstellungen zur Berliner Kunst- und Kulturgeschichte.

26 [M5] **Knoblauchhaus,** Poststraße 23, Berlin-Mitte (S Alexanderplatz, U2, U5, U8 Alexanderplatz, U2 Klosterstraße, Bus M48, 100, 200, 248), Di.–So. 10–18 Uhr, Eintritt frei. Berliner Wohnkultur des Biedermeier.

27 [M5] **Märkisches Museum,** Am Köllnischen Park 5 (U2 Märkisches Museum), www.stadtmuseum.de, Tel. 24002162, Di.–So. 10–18 Uhr, Eintritt 6 €, erm. 4 €. Berlins Stadt- und Kulturgeschichte von 60.000 v. Chr. bis in die Gegenwart im Haupthaus der Stadtmuseen.

39 [M5] **Nikolaikirche,** im Nikolaiviertel. Geschichte der Nikolaikirche (s. S. 40).

Weitere Museen (Auswahl)

28 [H6] **Bauhaus-Archiv/Museum für Gestaltung,** Klingelhöferstraße 14, Berlin-Tiergarten, Bus M29, 100, 106, 187, Tel. 2540020, www.bauhaus.de, Mi–Mo 10–17 Uhr, Eintritt 8 €, erm. 5 €. Werke und Dokumente der Bauhausgruppe 1919–1933.

29 **Brücke-Museum,** Bussardsteig 9, Berlin-Dahlem (Bus 115 ab U3 Oskar-Helene-Heim), Tel. 8312029, www.bruecke-museum.de, Mi.–Mo. 11–17 Uhr, Erw. 6 €, erm. 4 €. Werke der expressionistischen Künstlergruppe „Die Brücke".

30 [F6] **C/O Berlin,** im Amerika-Haus, Hardenbergstr. 22–24, Berlin-Charlottenburg (S, U2, U9 Zoologischer Garten), Tel. 284441662, www.co-berlin.info, tgl. 11–20 Uhr, Eintritt 10 €, ermäßigt 6 €. Die renommierte Galerie präsentiert zeitgenössische Fotografie.

31 [J6] **Dalí-Museum,** Leipziger Platz 7, Berlin-Tiergarten (S und U2 Potsdamer Platz), Tel. 0700 3254237546, www.daliberlin.de, Mo.–Sa. 12–20 Uhr, So. 10–20 Uhr, Eintritt 12,50 €, erm. 9,50 €, Kinder bis 6 Jahre frei. Über 400 Werke von dem großen Meister des Surealismus werden hier präsentiert.

32 [L4] **DDR-Museum,** Karl-Liebknecht-Straße 1 (im Souterrain DomAquarée gegenüber vom Berliner Dom), Berlin-Mitte (S Hackescher Markt), Bus TXL, 100, 200), Tel. 847123731, www.ddr-museum.de, tgl. 10–20 Uhr, Sa. 10–22 Uhr, Eintritt 9,50 €, erm. 6 €. Exponate des DDR-Alltagslebens, überwiegend von ehemaligen DDR-Bürgern gespendet.

Das Alte Museum 29 auf der Museumsinsel beherbergt hochkarätige Kunst des Klassischen Altertums

› **Deutsche Kinemathek – Museum für Film und Fernsehen,** im Sony Center **81**. Deutsche Filmgeschichte in Kulissen, Dokumenten, Objekten (s. S. 61).

21 [L5] **Deutsches Historisches Museum.** Ein Rundgang durch 2000 Jahre deutsche Geschichte (s. S. 29).

82 [J6] **Deutsches Spionagemuseum.** Spionage und Gegenspionage von der Antike bis heute (s. S. 61).

M33 [J7] **Deutsches Technikmuseum,** Trebbiner Straße 9, Berlin-Kreuzberg (U1, U2 Gleisdreieck), Tel. 902540, www.sdtb.de, Di.–Fr. 9–17.30 Uhr, Sa./So. 10–18 Uhr, Eintritt 8 €, erm. 4 €, ab 15 Uhr freier Eintritt für unter 18-Jährige. Einer der legendären „Rosinenbomber" schwebt vor der gläsernen Hauptfassade der einzigartigen Technik-Museumsstadt. Sie bietet Raum für Sammlungen alter Automobile, Dampfmaschinen, Lokomotiven, Schiffsmodelle, Flugzeuge, Roboter und vieles mehr.

51 [L7] **Jüdisches Museum.** Jüdische bzw. deutsch-jüdische Geschichte von der Vertreibung aus Judäa bis heute (s. S. 48).

M34 [E7] **Käthe-Kollwitz-Museum,** Fasanenstraße 24, Berlin-Charlottenburg (U1 Uhlandstraße), Tel. 8825210, www.kaethe-kollwitz.de, tgl. 11–18 Uhr, Eintritt 7 €, erm. 4 €. Zeichnungen, druckgrafische Arbeiten und Plastiken von Käthe Kollwitz.

M35 [K6] **Mauermuseum am Checkpoint Charlie,** Friedrichstraße 43–45, Berlin-Kreuzberg (U6 Kochstraße), Tel. 2537250, www.mauermuseum.de, tgl. 9–22 Uhr, Eintritt 14,50 €, erm. 9,50 €, Schüler ab 7 Jahre 7,50 €. Geschichte und Ereignisse an der Mauer.

M36 [K6] **Museum für Kommunikation,** Leipziger Straße 16, Berlin-Mitte (U2 Mohrenstraße, U2 und U6 Stadtmitte), Tel. 202940, www.mfk-berlin.de, Di. 9–20 Uhr, Mi.–Fr. 9–17 Uhr, Sa./So. 10–18 Uhr, Eintritt 5 €, erm. 3 €. Geschichte, Gegenwart und Zukunft der Kommunikationstechnologien.

63 [J3] **Museum für Naturkunde.** Umfangreiche naturkundliche Sammlungen, unter anderem das weltweit höchste Dino-Skelett und das bisher einzige Originalskelett eines T. Rex in Europa (s. S. 52).

69 [L4] **Neue Synagoge Berlin – Centrum Judaicum.** Ausstellung zur Geschichte des Hauses und über das Berliner jüdische Leben (s. S. 56).

M37 [M5] **Zille-Museum,** Propststraße 11, Berlin-Mitte, S Alexanderplatz, U2, U5, U8 Alexanderplatz, U2 Klosterstraße, Bus M48, 100, 200, 248, Tel. 24632500, www.zillemuseum-berlin.de, tgl. 11–18 Uhr, Eintritt 7 €, erm. 5 €. Das Werk des „Milljöh"-Zeichners Heinrich Zille.

339be-kj

Berlin für Genießer

Berlin galt einst als kulinarische Wüste. Während in Westberlin ein knurriges „Kannstmichma!" vorherrschte, hieß es in Ostberlin-Hauptstadt der DDR meist schlicht „Hammwanich!" Doch ist das heute alles Geschichte, die Berliner Küche entwickelt sich köstlich! Sie punktet bei Gault Millau und es glänzen Michelin-Sterne am märkischen Kochhimmel.

Restaurantkategorien

€	günstig (Hauptgericht 5–12 €)
€€	mittelpreisig (Hauptgericht 12–20 €)
€€€	teuer (Hauptgericht 20–28 €)
€€€€	hochpreisig (Hauptgericht ab 28 €)

Wann und wo man isst

Fast an jeder Straßenecke in der Innenstadt halten Pizzerien, indische, chinesische, türkische, arabische **Schnellrestaurants**, Bistros und Hähnchengrills, Bagel-, Fritten-, Sushi- und Dönerbuden bis spät in die Nacht ihre Türen offen. In Cafés und Kneipen muss ebenfalls niemand hungern. Die meisten bieten ab morgens 9 Uhr **Frühstück** an, entweder à la carte oder vom Büfett.

Auch nach **Restaurants mit Mittagstisch** muss man in der Innenstadt nicht lange Ausschau halten. In der Regel zwischen 11.30 Uhr und 14.30 Uhr servieren sie leichte Speisen für 5–10 Euro. In ähnlicher Preislage bewegen sich die Tellergerichte, die neben Suppen, Salaten und leckeren Kleinigkeiten in den **Kneipen abends** angeboten werden.

Ab wann am späteren Abend die Küche kalt ist, bleibt Gastwirt wie Chef de Cuisine selbst überlassen. Da es in Berlin keine Sperrstunde gibt, sind die **Küchenzeiten** recht unterschiedlich und werden deshalb im Einzelnen bei den Restaurant-Tipps genannt.

EXTRATIPP

Mittag mit Aussicht

Leckeres Mittagessen, dazu einen tollen Rundumblick vom 10. Stock auf die Dächer der Hauptstadt bietet die Kantine im Rathaus Kreuzberg montags bis freitags von 7 bis 15 Uhr.

38 [K8] **Kantine im Rathaus Kreuzberg** €, Yorckstraße 4–11, Berlin-Kreuzberg (U6, U7 Mehringdamm), Tel. 2516346, www.kantine-kreuzberg.de

Traditionelle Küche

Der eingeborene Berliner liebt seinen Döner und seine Currywurst in allen Variationen. Auf Platz drei der Gaumenkitzel knuspert der **Broiler**, auf Westdeutsch auch Grillhähnchen genannt. Und geht man weiter in die traditionelle Gerichtegeschichte zurück, stößt man auf den **Berliner Klops**, ein *escalope* (Schnitzel), das die Hugenotten ebenso wie die **Bulette** (Frikadelle) im 17. Jahrhundert in ihrer neuen Heimat bekannt machten.

Zum deftigen **Hackepeter** (rohes Gehacktes) mit Petersilie und Zwiebeln gibts **Schrippe** (Brötchen) und **Molle mit Strippe** (Bier und Korn), wogegen man sich die **Berliner Weiße** (ein mit Milchsäurebakterien angesäuertes Weizenbier) mit Waldmeister- oder Himbeersirup zur erfrischenden „Weiße grün" oder „Weiße rot" versüßt. Nicht zu vergessen das typischste aller traditionsreichen Berliner Gerichte: **Eisbein mit Erbspüree**, wozu man Salzkartoffeln und Sauerkraut reicht.

39 [N7] **Henne** €-€€, Leuschnerdamm 25, Berlin-Kreuzberg (U8 Moritzplatz, Bus M29), www.henne-berlin.de, Tel. 6147730, Di.–Sa. ab 18 Uhr, So. ab 17 Uhr. Altberliner Wirtshaus mit Originaleinrichtung von 1908. Zu Krautsalat und Klosterschwarzbier gibts Hähnchen, nichts als Hähnchen, und zwar eines der leckersten der Stadt! Es empfiehlt sich deshalb, vor dem Besuch einen Platz zu reservieren.

40 [M7] **Wirtshaus Max und Moritz** €€, Oranienstraße 162, Berlin-Kreuzberg (U8 Moritzplatz), Tel. 69515911, www.maxundmoritzberlin.de, tgl. ab 17 Uhr. Eine Institution seit 1902, damals zu Wilhelm Busch's 70. Geburtstag eröffnet. In der großteils noch authentischen Einrichtung kommen Altberliner Spezialitäten auf den Tisch, z. B. Bollenfleisch, Berliner Eisbein oder auch Casseler, das der Berliner Fleischermeister Cassel Ende des 19. Jh. erfunden hat. Dazu werden frische Biere gezapft, z. B. die naturtrübe „Kreuzberger Molle".

41 [M5] **Zur Gerichtslaube** €€, Poststraße 28, Berlin-Mitte (S und U2, U5, U8 Alexanderplatz, U2 Klosterstraße, Bus 100, 200, TXL, M48), Tel.

Gastro- und Nightlife-Areale

Bläulich hervorgehobene Bereiche in den Karten kennzeichnen Gebiete mit einem dichten Angebot an Restaurants, Bars, Klubs, Discos etc.

Currywurst und Döner Kebap

Beides sind vergleichsweise junge Berliner Spezialitäten: Um 1970 brachten türkische Migranten Döner Kebap vom Bosporus mit an die Spree; den krönenden Klecks auf der Bratwurst aus Ketchup und asiatischer Curry-Gewürzmischung machten nach 1945 die amerikanischen Alliierten bekannt. Dass die echte Berliner Currywurst „ohne" serviert wird, nämlich ohne Darm, ist eine Folge der Nachkriegsnot. Därme zum Wursten gab es nicht, weshalb man ein Brühwurstbrät austüftelte, das auch ohne Haut seine Form nicht verliert. Gut gebraten (nicht frittiert!), kommt die Leckerei original mit angewärmtem Curry-Ketchup scharf, schön scharf oder extra scharf auf den Tisch, wobei die besten Imbisse – Curry- wie Dönerbuden – ihr Geheimrezept für die Soße von Generation zu Generation weitergeben.

213be-kj

Imbissbuden und Schnellrestaurants findet man an fast jeder Straßenecke

2415697, www.gerichtslaube.de, tgl. ab 11.30 Uhr. Unter dem Kreuzgewölbe der ursprünglich um 1270 errichteten Gaststätte lässt man sich Berliner Klops oder Eisbein mit Erbspüree schmecken.

Multikulti

Bereits an den althergebrachten Leckerbissen lässt sich erkennen, dass das Charakteristische der Berliner Speisenkarte ihre fortwährende **Bereicherung durch Einwanderer** ist. Neben Klops und Bulette führten die Hugenotten im 17. Jahrhundert bis dahin unbekannte Gemüse wie Spargel, Bohnen, Erbsen, Blumenkohl und Blattsalat ein. Im 18. Jahrhundert ordnete König Friedrich der Große den Anbau der genügsamen, aus Amerika stammenden Kartoffel auf den kargen märkischen Böden an. Schlesier, Pommern, Ostpreußen und Polen auf Arbeitssuche brachten im 19. Jahrhundert ihre Rezepte mit, Anfang des 20. Jahrhunderts russische Revolutionsflüchtlinge und aus Osteuropa geflohene Juden. In den 1970er-Jahren eröffneten türkische, italienische, griechische und spanische Gastarbeiter in Westberlin die ersten Einkaufsläden und Restaurants, und für neue Genüsse wie Spätzle und Maultaschen sorgten außerdem westdeutsche Studenten und Bundeswehrflüchtlinge.

Heute leben Menschen aus **über 180 Nationen** miteinander am Ufer der Spree, sodass man Gelegenheit hat, sich einmal um die ganze Welt futtern zu können.

361be-kj

Äthiopisch

42 [K8] **Blue Nile** €, Tempelhofer Ufer 6, Berlin-Kreuzberg (U1, U6 Hallesches Tor), www.bluenileberlin.de, Tel. 25294655, tgl. 15–24 Uhr. Auf dem *Mesob,* einem bunten runden Korbtischchen, werden zum Fladenbrot Lamm, Rind, Huhn und Vegetarisches serviert.

Französisch

43 [L3] **3 Minutes sur Mer!** €€-€€€, Torstraße 167, Berlin-Mitte (U8 Rosenthaler Platz), Tel. 67302052, www.3minutessurmer.de, Di.–Sa. 18–23 Uhr, So. 10–23 Uhr. Voilà, hier gibt es Tartar, Weinbergschnecken, Wachteleier, Entrecôte und Bouillabaisse vom Feinsten. Und wer es noch exquisiter haben möchte, wechselt nach nebenan zum großen Bruder ins Sternerestaurant „Bandol sur Mer".

Indisch

44 [N7] **Amrit (1)** €-€€, Oranienstraße 202, Berlin-Kreuzberg (U1 Görlitzer Bahnhof). Weitere Filiale:

45 [K3] **Amrit (2)** €-€€, Oranienburger Straße 45, Berlin-Mitte (S1, S2 Oranienburger Straße, U8 Oranienburger Tor), www.amrit.de, So.–Do. 12–24 Uhr, Fr./Sa. ab 12 mit open end (beide Restaurants). Der früher angesagteste Kiez-Inder hat expandiert. Die Kreuzberger Räumlichkeiten und die Filiale in Mitte sind heute ebenso groß wie die Speisenkarte; trotzdem immer noch sehr beliebt und meist gut besucht.

Italienisch

46 [L3] **Al Contadino sotto le stelle** €€€, Auguststraße 36, Berlin-Mitte (U8 Weinmeisterstraße oder Rosenthaler Platz), Tel. 2819023, www.alcontadino.com, Mo.–Sa. ab 18 Uhr. Der „Bauer unter den Sternen" verwöhnt seine Gäste bei monatlich wechselnder Speisenkarte mit köstlicher süditalienischer Küche. Unbedingt reservieren!

Japanisch

47 [D7] **Mrhai Kabuki** €-€€, Olivaer Platz 9, Berlin-Charlottenburg (Bus M19, M29, X10), Tel. 88628136, www.mrhai.de, tgl. 12–24 Uhr. Traditionelles Sushi kombiniert mit Kochkunst und tollen kreativen Ideen ergibt zusammen eine der besten Sushi-Adressen der Stadt.

Jüdisch

48 [L3] **Beth-Café** €, Tucholskystraße 40, Berlin-Mitte (S1, S2 Oranienburger Straße, U6 Oranienburger Tor), Tel. 2813135, www.adassjisroel.de/beth-cafe, So.–Do. 12–20 Uhr. Das Restaurant der orthodoxen Synagogengemeinde zu Berlin, Adass Jisroel, bereitet Speisen wie Gefillte Fisch oder Tscholent koscher zu.

49 [N2] **Masel Topf** €€-€€€, Rykestraße 2, Prenzlauer Berg, Tel. 44317525, www.restaurant-maseltopf.de, Mo.–Sa. 18–24, So. 10–24 Uhr. Leckere internationale jüdische Gerichte in gemütlichen, im 1920er-Jahre-Stil gehaltenen Räumlichkeiten nahe der Synagoge Rykestraße. Nicht koscher!

Libanesisch

50 [O3] **Qadmous** €-€€, Am Friedrichshain 1 (Tram M4), Berlin-Prenzlauer Berg, Tel. 4246255, www.qadmous.de, So.–Do. 12–24 Uhr, Fr./Sa. 12–1 Uhr. Stattliche Auswahl kalter und warmer Mäsa (Vorspeisen), z. B. Makanek (gebratene Rindfleischwürstchen) oder Sardin Meklim (gebratene Sardinen an Sesamsauce) und eine Vielfalt köstlicher orientalischer Fisch- und Fleischgerichte. Auch in Berlin eine Seltenheit sind die libanesischen Weine.

EXTRATIPP

Vegetarische Spitze

Vegetarier müssen in Berlin auf nichts verzichten. Raffinierte Gerichte in der Liga der Spitzengastronomie genießt man, Michelin-Stern-gekrönt, im Kult-Restaurant Cookies Cream.

53 [K5] **Cookies Cream** €€€, Behrenstraße 55 (U6 Französische Straße), Berlin-Mitte, Tel. 27492940, www.cookiescream.com, Di.–Sa. ab 18 Uhr

Marokkanisch

51 [L3] **Kasbah** €€, Gipsstraße 2, Berlin-Mitte (U8 Weinmeisterstraße), Tel. 27594361, www.kasbah-berlin.de, Di.–So. 18–24 Uhr. Marokkanische Couscous-Variationen, eine Auswahl an verschiedensten Tajines, Brioauts (gefüllte Teigtaschen) und Pastilla (Blätterteigpasteten), orientalisch gefülltes Huhn und Geschmortes vom Fisch oder Fleisch in einem Ambiente wie aus Tausend und einer Nacht.

Österreichisch

52 [L9] **Austria** €€, Bergmannstraße 30, Berlin-Kreuzberg (U7 Gneisenaustraße), Tel. 6944440, www.austria-berlin.de, Mo. 18–24, Di.–So. 12–24 Uhr. Alpenländische Spezialitäten im Kreuzberger Bergmann-Kiez. Eine Legende: das Wiener Schnitzel, dazu Erdäpfel- und ein klassischer Gurkensalat.

Schnelle Verpflegung gibt es in Berlin auf allen Wegen

Peruanisch

54 [E7] **Serrano** €€, Pfalzburger Str. 83, Berlin-Charlottenburg (U1 Uhlandstraße), Tel. 88929244, www.restaurante-serrano.de, Di.–Sa. 17–24 Uhr. Traditionelle peruanische Küche, für europäische Geschmacksnerven noch weitgehend unbekannt, z. B. Ceviche de Bacalao Fresco (mariniertes Kabeljaufilet mit Chilli und Koriander an Süßkartoffeln, das peruanische Nationalgericht). Ebenfalls köstlich: Jakobsmuschelherzen mit Limetten-Rocoto oder warmer Schokoladenkuchen mit Johannisbrotbaumsirupcreme.

Russisch

55 [E8] **Grüne Lampe** €€, Uhlandstraße 51, Berlin-Wilmersdorf (U1 Kurfürstendamm, U2 Hohenzollernplatz), Tel. 88719393, www.gruene-lampe.de, Mo.–Fr. 12–22, Sa./So. 10–22 Uhr. Ob Bliny, Tschebureki, Wareniki – vom Frühstücksbüffet bis zum Diner russische Speisen vom Feinsten; 2008 vom Gault Millau zum besten russischen Restaurant Deutschlands gekürt.

Spanisch

56 [D6] **Borriquito** €€, Wielandstraße 6, Berlin-Charlottenburg (S Savignyplatz), Tel. 3129929, www.el-borriquito.de, tgl. 18–5 Uhr. Klassische spanische Spezialitäten, vorzügliche Auswahl an spanischen Weinen. Es herrscht eine tolle Atmosphäre – je später am Abend, desto besser.

Thailändisch

57 [N2] **Mao Thai** €€, Wörther Straße 30, Berlin-Prenzlauer Berg (U2 Senefelder Platz), www.maothai.de, Tel. 4419261, tgl. 12–23.30 Uhr. Fantastische Currys, ausgezeichnete Ente, köstlicher Grillfisch und vieles mehr; die Einrichtung stammt original aus Thailand.

EXTRATIPP

Anders essen

Die Markthalle Neun in Kreuzberg ist Kult. Donnerstags von 17 bis 22 Uhr strömt die Szene zum Street Food Thursday, regional, saisonal, ökologisch, freitags und samstags zum Wochenmarkt. Hohe Hipster-Dichte!

60 [O7] **Markthalle Neun** €, Eisenbahnstraße 42/43, Berlin-Kreuzberg (U1 Görlitzer Bahnhof), www.markthalleneun.de

Türkisch

58 [N8] **Defne** €€, Planufer 92c, Berlin-Kreuzberg (U1, U8 Kottbusser Tor), Tel. 81797111, www.defne-restaurant.de, April–Sept. 16–24 Uhr, Nov.–März 17–24 Uhr. Das Restaurant mit kleinem Sommergarten am Landwehrkanal serviert mediterrane Köstlichkeiten. Eines der besten türkischen Restaurants in Berlin.

Vietnamesisch

59 [M3] **Monsieur Vuong** €, Alte Schönhauser Straße 46, Berlin-Mitte (U8 Weinmeisterstraße, U2 Rosa-Luxemburg-Platz), Tel. 99296924, www.monsieurvuong.de, Mo.–Do. 12–23 Uhr, Fr.–So. 12–24 Uhr. Der Klassiker unter Berlins Vietnamesen, kleine Karte mit alle zwei Tage wechselnden Köstlichkeiten der vietnamesischen Küche, sehr beliebt, lohnt die Wartezeit.

Gehobene Gastronomie

Seit der Wiedervereinigung sorgt eine junge Generation experimentierfreudiger Küchenchefs für eine Revolution in den Kochtöpfen. Kreationen aus klassischer Grande Cuisine mit leichter Aromenküche, schnörkellose Melanges der französischen, deutschen und mediterra-

nen Küche oder Liaisons von Regional und International erfreuen die Feinschmeckergaumen.

Im Trend sind Produkte aus der Umgebung: Bärlauch und Pilze aus den brandenburgischen Wäldern, Havelzander und glücklich aufgewachsenes Bio-Fleisch von Höfen in der Region, Beelitzer Spargel, Teltower Rübchen und Spreewälder Gurken werden neu komponiert. Dafür muss man selbstverständlich tiefer in die Tasche greifen.

Weitere Restaurants der gehobenen Küche finden sich rund um den **Gendarmenmarkt** (s. S. 44), hier nur eine kleine, aber feine Auswahl.

61 [K7] **Nobelhart & Schmutzig** €€€€, Friedrichstraße 218, Berlin-Kreuzberg (U6 Kochstraße), Tel. 25940610, www.nobelhartundschmutzig.com, Di.–Sa. ab 18.30 Uhr. Radikal saisonale Regionalküche von Zutaten, die Wasser, Land und Luft in den vier Jahreszeiten an Spitzenqualität hergeben. Schnörkellos, essenziell – mit einem Michelin Stern prämiert.

62 [L3] **Pauly Saal** €€€€, Auguststraße 11–13, Berlin-Mitte (U6 Oranienburger Tor), Tel. 33006070, http://paulysaal.com, Di.–Sa. 12–14 und 18–21.30 Uhr. Klassisch moderne Küche mit Finesse, im 1920er-/1930er-Jahre-Ambiente in der ehemaligen Jüdischen Mädchenschule. Der Guide Michelin vergab hierfür einen Stern.

63 [K3] **Reinstoff** €€€€, Schlegelstr. 26c, Berlin-Mitte (U6 Naturkundemuseum), www.reinstoff.eu, Tel. 30881214, Di.–Sa. ab 19 Uhr. „Essbare Kleinkunst“ (Wolfram Siebeck) aus regionalem biologischem Anbau. Dafür wurde Starkoch Daniel Achilles mit zwei Michelin-Sternen gekrönt.

Ob Sterneküche, freundliches Restaurant oder Brutzelbude – Hauptsache genießen! Die Berliner Gastronomie hält für jeden Geschmack etwas bereit.

Berlin am Abend

„A city that never sleeps“ – in Berlin ist rund um die Uhr Ausgeh-Betrieb. Das Veranstaltungsprogramm kann sich sehen lassen, sei es Theater, Kabarett, Kleinkunst und Varieté, sei es Oper, Philharmonie oder Musical, Pop-, Rock- und Jazzkonzert oder auch Kneipe, Bar, Disco, Klub. Für jeden Geschmack ist etwas dabei.

Sprechbühnen

Rund 30 große Bühnen und über 500 freie Theatergruppen, Klein- und Off-Theater, dazu eine große Zahl Brett'lbühnen mit Kabarett, Kleinkunst und Varieté werben allabendlich um die Gunst des Publikums. Deshalb hier nur eine Auswahl der interessantesten Bühnen, auf die man sein Augenmerk lenken sollte. Über das aktuelle Programm-Angebot informieren die **Stadtmagazine** „Tip“ und „Zitty“, die man beide am Kiosk erwerben kann.

Theater

59 [K4] **Berliner Ensemble.** 1954 von Bertolt Brecht gegründet und seither führend unter den deutschsprachigen Bühnen.

60 [J4] **Deutsches Theater.** 1883 ging in der Schumannstraße das erste Mal der Vorhang auf, ab 1905 führte Max Reinhardt das Theater zu Weltruhm.

64 [K7] **Hebbel am Ufer (HAU): HAU 1,** Stresemannstraße 29; **HAU 2,** Hallesches Ufer 32; **HAU 3,** Tempelhofer Ufer 10; alle in Berlin-Kreuzberg (U1 Möckernbrücke oder U1, U6 Hallesches Tor), www.hebbel-theater.de, Tel. 2590040. Mit internationalen zeitgenössischen Koproduktionen und Avantgarde-Gastspielen zählt das HAU zu den ersten europäischen Bühnen für aktuelles Sprech- und Tanztheater.

65 [L5] **Maxim-Gorki-Theater,** Am Festungsgraben 2, Berlin-Mitte (S Hackescher Markt, Bus TXL, 100, 200), Tel. 20221115, www.gorki.de. Kleinstes Berliner Staatstheater mit großer Reputation: Shermin Langhoff und ihr interkulturelles Ensemble zeigen postmigrantische Programme. Im historischen Gebäude von 1827 der Berliner „Singakademie“.

66 [E6] **Renaissance-Theater,** Knesebeckstr. 100, Berlin-Charlottenburg (U2 Ernst-Reuter-Platz), Tel. 3124202, www.renaissance-theater.de. Einziges erhaltenes Art-déco-Theater Europas. Auf dem Programm stehen gehobener Boulevard und leicht verdauliches Zeitgenössisches.

67 [C7] **Schaubühne am Lehniner Platz,** Kurfürstendamm 153, Berlin-Wilmersdorf (U7 Adenauerplatz, Bus M19, M29), Tel. 890023, www.schaubuehne.de. Unter Peter Stein feierte das Haus in den 1970ern erstmals Triumphe, seitdem hat es seinen festen Platz im Theater-Olymp.

68 [E7] **Theater und Komödie am Kurfürstendamm,** Kurfürstendamm 206–209, Berlin-Charlottenburg (U1 Uhlandstraße), Tel. 88591188, www.komoedie-berlin.de. Die Heimspielstätte von Winfried Glatzeder, Herbert Herrmann und – unvergessen – Brigitte Mira und Harald Juhnke bietet vergnügliches Boulevardtheater. **Ab Sommer 2018 in der Ausweichspielstätte im Schiller Theater (s. rechts), Bismarckstraße 110, Berlin-Charlottenburg (U2 Ernst-Reuter-Platz).**

69 [M3] **Volksbühne am Rosa-Luxemburg-Platz,** Rosa-Luxemburg-Platz, Berlin-Mitte (U2 Rosa-Luxemburg-Platz), Tel. 24065777, www.volksbuehne-berlin.de. 1914 mit den Spargroschen von Mitgliedern des Volksbühnenvereins gegründet und vom großen Regisseur Max Reinhardt 1915–1918 zu Ruhm geführt, versteht sich das Theater seitdem als Ort der Schauspielinnovation.

Brett'lbühnen

70 [F7] **Bar jeder Vernunft,** Schaperstraße 24, Berlin-Wilmersdorf (U9 Spichernstraße), Tel. 8831582, www.barjeder-vernunft.de. Erste Adresse für Kleinkunst, Kabarett und Comedy.

71 [K4] **Die Distel,** Friedrichstraße 101, Berlin-Mitte (S und U6 Friedrichstraße), Tel. 2044704, www.distel-berlin.de. Der Stachel am Regierungssitz, mit aktuellem politischem Kabarett am Bahnhof Friedrichstraße im Admiralspalast.

72 [F7] **Die Stachelschweine,** Tauentzienstraße 6–9 (im Europa-Center), Berlin-Charlottenburg (S und U2, U9 Zoologischer Garten oder U1, U2, U3 Wittenbergplatz), Tel. 2614795, www.diestachelschweine.de. 1949 gegründetes Urgestein des politischen Kabaretts.

73 **Die Wühlmäuse,** Pommernallee 2–4, Berlin-Charlottenburg (U2 Theodor-Heuss-Platz), Tel. 30673011, www.wuehlmaeuse.de. Gastgeber Didi Hallervorden versammelt in seinem Kabarett die deutsche Satire-Prominenz.

Musiktheater

Vier Opernhäuser in einer Stadt – das ist weltweit einmalig. Die leichte Muse ist mit einer Musicalbühne vertreten und der Friedrichstadt-Palast, Europas größtes Revuetheater, zieht mit Glitterkostümen und Federboas sämtliche Glamourregister.

Oper

74 [D5] **Deutsche Oper,** Bismarckstraße 35, Berlin-Charlottenburg (U2 Deutsche Oper), www.deutscheoperberlin.de, Tel. 34384343. Die Westberliner Oper profilierte sich mit klassischen Werken italienischer und französischer Meister sowie Wagners Ring.

75 [K5] **Komische Oper,** Behrenstraße 55–57, Berlin-Mitte (S Unter den Linden, U6 Französische Straße), Tel. 47997400, www.komische-oper-berlin.de. 1947 von Walter Felsenstein gegründet, 2015 mit dem International Opera Award ausgezeichnet, steht das Haus in der Tradition der französischen Opéra Comique.

EXTRATIPP

Pierre Boulez Saal

Frank Gehry und Daniel Barenboim, Star-Architekt und Star-Dirigent, initiierten den gefeierten Konzertsaal im ehemaligen Kulissendepot der Staatsoper – Spielstätte für hochkarätige Kammerorchester, Ensembles und Solokünstler. Der Saal ist außerdem Aufführungsort für die Studierenden aus den Konfliktregionen des Nahen Ostens der angeschlossenen Barenboim-Said-Akademie.

78 [L5] **Pierre Boulez Saal,** Französische Straße 33d, Berlin-Mitte (U6 Französische Straße, Bus 100, 200, TXL), Tel. 47997411, https://boulezsaal.de

76 [P11] **Neuköllner Oper,** Karl-Marx-Straße 131–133, Berlin-Neukölln (U7 Karl-Marx-Straße), Tel. 68890777, www.neukoellneroper.de. Der 1977 eröffnete *Outcast* unter den Renommierten spielt sowohl Klassisches als auch Volkstümliches sowie Experimentelles, wegen der begrenzten Räumlichkeit mit kleinen Instrumentalensembles und hautnah fürs Publikum.

77 [E5] **Schiller Theater,** Bismarckstraße 110, Berlin-Charlottenburg (U2 Ernst-Reuter-Platz). **Ab Sommer 2018 für voraussichtlich drei Jahre die Spielstätte von Theater und Komödie am Kurfürstendamm.**

19 [L5] **Staatsoper Unter den Linden,** Unter den Linden 7, Berlin-Mitte (Bus 100, 200, TXL), www.staatsoper-berlin.de, Tel. 20354555. Der altehrwürdige Urgroßvater unter den Berliner Musikbühnen, 1742 eröffnet, präsentiert sich heute als Hightech-Bühne im goldenen Rokokokleid. Chefdirigent seit 1992: der legendäre Daniel Barenboim.

Leichte Muse

61 [K4] **Friedrichstadt-Palast.** Schillernde Kostüme und die gefühlt „endlosen" Beine der tanzenden Girlreihe machen den Abend zum Augenschmaus.

79 [F6] **Theater des Westens,** Kantstraße 12, Berlin-Charlottenburg (S und U2, U9 Zoologischer Garten), Tel. 01805 4444, www.stage-entertainment.de. Flotte Musicals unter Kronleuchtern im traditionsreichen Theater des Westens.

Konzerte

„Janz Balin is Musike!" Klassisch: Neben den großen Sinfonieorchestern konzertieren die Klangkörper der Opernbühnen sowie zahlreiche kleinere Kammerorchester. Jazz: Unter den verschiedensten Klubs von Mainstream über Avantgarde bis Experimentelles zählt das JazzFest im November zu den renommiertesten Adressen. Rock, Pop, Hip-Hop, Indie, Techno & Co.: Mehrere hundert Gigs an einem Wochenende sind für einen kleinen Reiseführer zu viel. Da lohnt der Blick in die Programmteile der Stadtmagazine „Zitty" und „Tip".

Klassisch

› **Deutsches Symphonie-Orchester Berlin,** Besucherservice: Charlottenstr. 56, Berlin-Mitte (U2, U6 Stadtmitte), Tel. 20298711, www.dso-berlin.de. 1946 von den Amerikanern in ihrer Besatzungszone als RIAS-Symphonie-Orchester gegründet, steht aktuell Robin Ticciati am Dirigentenpult (verschiedene Spielstätten).

› **Konzerthausorchester,** Konzerthaus/Schauspielhaus 48, Gendarmenmarkt, Berlin-Mitte (U6 Französische Straße oder Stadtmitte), Tel. 203092101, www.konzerthaus.de. Unter Chefdirigent Iván Fischer erklingen im von 1819 bis 1821 von Schinkel errichteten Schauspielhaus am Gendarmenmarkt Werke von Monteverdi bis Lachenmann.

› **Orchester der Komischen Oper** (s. S. 97), Behrenstraße 55–57, Berlin-Mitte (S1, S2 Brandenburger Tor, ehem. Unter den Linden, U6 Französische Straße), www.komische-oper-berlin.de, Tel. 47997400. Neben Oper und Ballett macht sich das Orchester verdient um anspruchsvolle Programme mit großem Anteil zeitgenössischer Musik. Generalmusikdirektor ist Ainārs Rubiķis.

› **Philharmoniker,** Berliner Philharmonie 84, Herbert-von-Karajan-Straße 1, Berlin-Tiergarten (S1, S2 und U2 Potsdamer Platz, Bus M48, 200, 347), www.berliner-philharmoniker.de, Tel. 25488999. Das Flaggschiff unter den klassischen Berliner Klangkörpern. 2002–2018 unter der Leitung von Sir Simon Rattle, folgt 2019 Kirill Petrenko als siebter Chefdirigent in der bald 140-jährigen Geschichte des weltberühmten Orchesters.

› **Staatskapelle Berlin,** Staatsoper 19, Unter den Linden 7, Berlin-Mitte (Bus 100, 200 TXL), Tel. 20354555, www.staatsoper-berlin.de. Seit 1742 der Knobelsdorff-Bau Unter den Linden eröffnete, standen dem Klangkörper der Staatsoper so berühmte Namen wie Mendelssohn-Bartholdy, Meyerbeer und Strauss vor. 1992 wurde Daniel Barenboim Generalmusikdirektor. Seit 2006 ist er Chefdirigent auf Lebenszeit.

Jazz

Das viertägige **JazzFest** zählt zu den ältesten und renommiertesten Jazzfestivals in Europa. Bereits seit 1964 verwandeln internationale Stars, experimentelle Insider-Acts und Crossovers zwischen lokalen

Folks und globalen Tunes Berlin Anfang November in eine Hauptstadt des Jazz. Informationen zu Programm und Aufführungsorten erhält man bei den **Berliner Festspielen,** Schaperstraße 24, 10719 Berlin-Wilmersdorf, Tel. 254890, www.berlinerfestspiele.de.

Über das ganze Jahr spielt eine Reihe von Klubs eine feste Rolle im Berliner Jazzleben:

- **80** [E6] **A-Trane,** Bleibtreustraße 1, Berlin-Charlottenburg (S Savignyplatz), Tel. 3132550, www.a-trane.de
- **81** [E9] **Badenscher Hof,** Badensche Straße 29, Berlin-Wilmersdorf (U7 Blissestraße oder Berliner Straße, Bus 104), Tel. 8610080, www.badenscher-hof.de
- **82** [M4] **b-flat,** Dircksenstraße 40, Berlin-Mitte (U8 Weinmeisterstraße), Tel. 2833123, www.b-flat-berlin.de
- **83** [K3] **Kunstfabrik Schlot,** Invalidenstraße 117 (in den Edisonhöfen), Berlin-Mitte (S Nordbahnhof, U6 Naturkundemuseum), Tel. 4482160, www.kunstfabrik-schlot.de
- **84** [F6] **Quasimodo,** Kantstraße 12a, Berlin-Charlottenburg (S und U2, U9 Zoologischer Garten), Tel. 31804560, www.quasimodo.de

Rock, Pop, Hip-Hop, Indie, Techno

Das Konzertangebot in der Stadt ist unüberschaubar, deshalb lohnt sich der Blick in die Stadt- und Programmzeitschriften, sowie auf Flyer, Prospekte und Plakatanschläge. Hier einige wichtige Veranstaltungsorte:

- **85** [Q8] **Arena,** Eichenstraße 4, Berlin-Treptow (U1 Schlesisches Tor, Bus 265), Tel. 5332030, www.arena-berlin.de
- **86** [Q6] **Cassiopeia,** Revaler Str. 99, Tor II, Berlin-Friedrichshain (S, U1 Warschauer Straße), www.cassiopeia-berlin.de
- **87** [K10] **Columbiahalle,** Columbiadamm 13–21, Berlin-Kreuzberg (U6 Platz der Luftbrücke), www.c-halle.com
- **88** [N9] **Huxleys Neue Welt,** Hasenheide 107–113, Berlin-Neukölln (U7/U8 Hermannplatz), Tel. 30106, www.huxleys neuewelt.com
- **89** [P8] **Lido,** Cuvrystraße 7, Berlin-Kreuzberg (U1 Schlesisches Tor), Tel. 69566840, www.lido-berlin.de
- **90** [N7] **SO 36,** Oranienstraße 190, Berlin-Kreuzberg (U1 Kottbusser Tor oder Görlitzer Park), www.so36.de

Angesagte Klubs findet man in Friedrichshain-Kreuzberg (s. S. 78)

334be-jg

Tag- und Nachtleben

In Berlin kann man rund um die Uhr auf die Rolle gehen: bis spät nachmittags im Café ausgiebig frühstücken, anschließend zum Bier in die Kneipe wechseln, danach Kino, Theater, Konzert oder Lesung, später eine Bar und nachts ein Tanzklub, bis die ersten Cafés aufmachen, wo man dann ausgiebig frühstücken geht ... Über 15.000 gastronomische Einrichtungen werden berlinweit gezählt. So hat man die Qual der Wahl, zumal die Trendlocations ebenso oft wechseln wie das Nachtleben schnelllebig ist.

Immerhin lassen sich Ausgehviertel und das für sie typische Publikum festmachen: In **Mitte** tummeln sich Trendsetter, VIPs, Szenegänger, Kultis und Touris in der **Spandauer Vorstadt** im Dreieck zwischen Oranienburger Tor, Rosa-Luxemburg-Platz und Hackeschem Markt [L/M4]. In **Charlottenburg** trifft sich rund um den **Savignyplatz** [E6] die alteingesessene Westberliner Kulturschickeria, während der **Schöneberger Nollendorf-Kiez** [H8] traditionell schwule Meile ist. Besonders lang sind die **Kreuzberger Nächte** zwischen **Oranienplatz** [M7], **Schlesischem Tor** [P7] und **Wrangelkiez** [O7]. In **Friedrichshain** locken die Kneipen und Klubs im Einzugsbereich **Simon-Dach-Straße** [Q6] und **RAW-Gelände** Feierlustige an (siehe auch S. 78). Im **Prenzlauer Berg** gehen Jungakademiker, Künstler und Nachwuchsdesigner im Kiez zwischen **Kastanienallee** und **Schönhauser Allee** [M1-M3] aus, während das saturierte Stadtbürgertum die Lokale rund um den **Wasserturm** und den **Kollwitzplatz** [N2] bevorzugt.

Smoker's Guide

In den Berliner Restaurants, Bars, Cafés, Kneipen, Klubs und Diskotheken herrscht striktes Rauchverbot. Ausnahme: Gequalmt werden darf in einem vom Gastraum abgetrennten Raucherzimmer mit verschließbarer Tür sowie in kleinen Ein-Raum-Kneipen, in denen keine zubereiteten Speisen serviert werden und Minderjährige keinen Zutritt haben.

Eine Auswahl an Raucher-Lokalen findet man hier:

› www.wo-darf-man-noch-rauchen.de

Tipps zum Ausgehen

Cafés, Kneipen, Lounges

91 [M1] **An einem Sonntag im August,** Kastanienallee 103, Berlin-Prenzlauer Berg (U2 Eberswalder Straße), www.an-einem-sonntag-im-august.de, tgl. ab 9 Uhr bis ultimo. Wo der Prenzlberger stundenlang frühstücken geht und danach zum kühlen Bier wechselt.

92 [N7] **Bateau Ivre,** Oranienstraße 18, Berlin-Kreuzberg (U1 Görlitzer Bahnhof), www.facebook.com/bateauivrekreuzberg, tgl. ab 9 Uhr. Authentisches Kreuzberg-Flair am Heinrichplatz, von Frühstück ab 9 bis Tapas. Nachts sehr laut und voll, sommers auch draußen auf dem Trottoir.

93 [Q8] **Birgit & Bier,** Schleusenufer 3, Berlin-Kreuzberg (U1 Schlesisches Tor, Bus 265), http://birgit.berlin, tgl. ab 14, Klub Fr./Sa. ab 23 Uhr. Im Biergarten uriges Rummelplatzambiente, Tischtennis, Flipper, zu essen gibt's frische Pasta, zu trinken div. Craft-Biere, nach 22 Uhr legt der DJ Elektro und 1980er-/1990er-Musik auf.

94 [J7] **BRLO Brwhouse,** Schöneberger Straße 16, Berlin-Kreuzberg (U1, U2 Gleisdreieck), Tel. 0151 74374235, www.brlo-brwhouse.de, Di.–Fr. ab 17 Uhr, Sa./So. ab 12 Uhr. 20-Hektoliter-Braukessel, Küche und riesiger Gastraum in 38 gestapelten Second-Hand-Schiffscontainern und ein Biergarten direkt am Gleisdreieckpark bilden eine der coolsten Berliner Craft-Beer-Locations. Auf den Tisch kommen hausgebraute Stammbiere, rund 40 weitere wechselnde Sorten und dazu Sandwiches, Rippchen und viel kreatives Gemüse.

95 [H7] **Café Einstein,** Kurfürstenstraße 58, Berlin-Schöneberg (U1, U2, U3, U4 Nollendorfplatz), www.cafeeinstein.com, tgl. 8–24 Uhr. Die Jugendstilvilla ist Kultadresse bei allen, die gerne stundenlang Zeitung lesen oder auch selbst zur Feder greifen. Der Ableger Unter den Linden (Hausnr. 42) in Mitte im sachlichen Schick.

96 [N7] **Café Kotti,** Adalbertstraße 96, Berlin-Kreuzberg (U1 Kottbusser Tor), durchgehend geöffnet. Gemütliche Wohnzimmer-Atmo in der kleinen Bar im großen Betonkoloss Neues Kreuzberger Zentrum direkt am „Kotti". Hier treffen sich postmigrantische und biodeutsche Kreuzberger, es wird geraucht (links die Betontreppe hoch im 1. OG).

97 [L3] **Cordobar,** Große Hamburger Str. 32, Berlin-Mitte (S Hackescher Markt, U5 Weinmeisterstraße), Di.–Sa. 19–2 Uhr, So. 18–24 Uhr, Tel. 27581215, www.cordobar.net. Über 60 Weine im offenen Ausschank, preisgekrönte Sommeliers und kulinarische Kleinigkeiten verwandeln die deutsch-österreichische Weinbar in Bacchus' siebten Himmel.

98 [L4] **Eschloraque Rümschrümp,** Rosenthaler Straße 39 (2. Hinterhof), Berlin-Mitte (S Hackescher Markt, U8 Weinmeisterstraße), www.eschschloraque.de, tgl. ab 14 Uhr. Direkt neben den Hackeschen Höfen: groovy, kunstschrottig, alternativ im selbstverwalteten Haus Schwarzenberg.

99 [Q8] **Freischwimmer,** Vor dem Schlesischen Tor 2a, Berlin-Kreuzberg (U1 Schlesisches Tor, Bus 265), www.freischwimmer-berlin.com, Mo.–Fr. ab 12 Uhr, Sa./So. ab 10 Uhr, open end. Im Bootshaus auf Stegen herrlich über dem Wasser schweben, dazu große Getränkeauswahl und für den Appetit europäische Fusionsküche.

100 [P5] **Jägerklause,** Grünberger Str. 1, Berlin-Friedrichshain (U5 Frankfurter Tor), www.jaegerklause-berlin.de, Biergarten tgl. ab 15 Uhr, Bar tgl. ab 18 Uhr. Laute Metal-Musik, pampige Bedienung, lange Warterei auf Essen und Trinken: also echt Berlin! Mit urigem Biergarten, Billard, Kicker und Tischtennis.

101 [L3] **Nolas am Weinberg,** Veteranenstr. 9, Berlin-Mitte (U8 Rosenthaler Platz), www.nola.de, tgl. ab 10 Uhr. Schön zum Draußensitzen auf der Terrasse am Weinberg oder auch drinnen im 50er-Jahre-Pavillon; dazu gibt's schweizerische Küche.

102 [F6] **Puro Sky Lounge,** Tauentzienstr. 9–11, Berlin-Charlottenburg (U1, U2, U3 Wittenbergplatz, U2 Zoologischer Garten), www.puroberlin.de, Bar: Do.–Sa. ab 19 Uhr, Klub: Do. ab 22, Sa. ab 23 Uhr (Electro, House, HipHop, R'n'B). 1000 m² Edellounge im 20. Stock des Europa-Centers, rundum verglast mit fantastischem Panoramablick auf die Dächer Berlins und Sonnenuntergang auf der Dachterrasse – Kult!

103 [K3] **Reingold,** Novalisstraße 11, Berlin-Mitte (U6 Oranienburger Tor, Tram M5 Torstraße), Tel. 28387676, www.reingold.de, Di.–Sa. ab 20 Uhr. Bar, Lounge, Klub, stylish und drinnen wie draußen im Hof dennoch behaglich. Im Stil klassischer amerikanischer Cocktailbars der 1920er-Jahre gehalten. Um eingelassen zu werden, muss man klingeln.

104 [E6] **Schwarzes Café,** Kantstraße 148, Berlin-Charlottenburg (S Savignyplatz), www.schwarzescafe-berlin.de, nur

Di. 3–10 Uhr geschlossen. Rund um die Uhr frühstücken oder geistige Getränke zu sich nehmen in der seit 1978 bestehenden Gastro-Institution.

105 [O7] **Schwarze Traube,** Wrangelstraße 24, Berlin-Kreuzberg (U1 Schlesisches Tor), www.facebook.com/schwarzetraube1, ab 19 Uhr. „Shabby Chic" mischt sich mit Backstein und floraler Barocktapete, dazu mixt der 2013 als bester deutscher Bartender geehrte Atalay Aktas, was der Geschmack begehrt.

106 [N7] **Würgeengel,** Dresdener Straße 122, Berlin-Kreuzberg (U1, U8 Kottbusser Tor), www.wuergeengel.de. Legendäre Cocktailschlürf-Einrichtung, spätestens ab 23 Uhr großes Gedrängel. Tgl. ab 19 Uhr bis ultimo, es wird geraucht.

Biergärten

107 [G6] **Café am Neuen See,** Lichtensteinallee 2, Berlin-Tiergarten (S und U2, U9 Zoologischer Garten, Bus 200), www.cafeamneuensee.de, Biergarten Mo.–Fr. ab 12 Uhr, Sa./So. ab 11 Uhr, Restaurant tgl. ab 9 Uhr. Im Tiergarten am Neuen See, im Sommer mit Ruderbootverleih.

108 [M1] **Prater,** Kastanienallee 7–9, Berlin-Prenzlauer Berg (U2 Eberswalder Straße), www.pratergarten.de, Biergarten April–Sept. bei schönem Wetter tgl. ab 12 Uhr, Restaurant (Hausmannskost) Mo.–Sa. ab 18 Uhr, So. ab 12 Uhr. Prenzlberger Freiluftinstitution unter Kastanien in der Kastanienallee.

109 [F6] **Schleusenkrug,** Müller-Breslau-Str. (nördlich vom Zoo an der Schleuse im Tiergarten), Berlin-Tiergarten (S u.U2, U9 Zoologischer Garten), www.schleusenkrug.de, tgl. ab 10 Uhr, im Winter tgl. 11–18 Uhr. Biergarten plus Terrassen über der Tiergartenschleuse am Landwehrkanal.

Strandbars

110 **Deck 5,** Schönhauser Allee 80, Berlin-Prenzlauer Berg (S und U2 Schönhauser Allee), Tel. 64497522, www.freiluftrebellen.de, April–Okt. tgl. 10–24 Uhr. Berlins höchste Strandbar auf dem

Strandbar Mitte mit Blick auf die Museumsinsel 28

341be-kj

Parkdeck 5 der Schönhauser Allee Arcaden bietet leckere Cocktails und Grill-Snacks, 40 Tonnen Sand unter den Füßen und einen atemberaubenden Blick in die Sonne über den Dächern der Hauptstadt.

111 [O6] **Pampa Holzmarkt,** Holzmarktstr. 25, Berlin-Friedrichshain (S und U8 Jannowitzbrücke), www.holzmarkt.com. Am Ort der legendären Bar 25, mit provisorisch gezimmertem Tresen, Bühnen, Bänken, Selbstgebautem, Selbstgepflanztem und kontemplativem Blick über den Fluss ein würdiger Nachfolger.

112 [L4] **Strandbar Mitte,** im Monbijoupark/Ecke Monbijoubrücke, Berlin-Mitte (S Hackescher Markt und S1, S2 Oranienburger Straße), www.monbijou-theater.de/strandbar-tanz.html, Mai–Sept. tgl. ab 10 Uhr. Im Liegestuhl unter Palmen, mit Blick auf Spree und Bode-Museum, abends mit Schwof.

113 [O6] **Yaam,** An der Schillingbrücke 3, Berlin-Friedrichshain (S Ostbahnhof), www.yaam.de, tgl. ab 11 Uhr. Bar, Grill, Strand, Konzertgelände, Reggae-Hochburg und Treffpunkt der afrikanischen Community, dazu Soulfood essen, ballspielen, tanzen oder einfach im Sand an der Spree chillen; die Atmosphäre ist familiär, Kinder sind willkommen.

Bars

114 [F6] **Monkey Bar,** Budapester Str. 40, Berlin-Charlottenburg (U1, U2, U3 Wittenbergplatz, U2 Zoologischer Garten), www.25hours-hotels.com, tgl. ab 12 Uhr. Panorama-Rooftop-Bar im Fabriketagenstil auf dem Bikinihaus (s. S. 66). Zu köstlichen Cocktails gibt es Aussicht auf die Berliner Westcity und das Affengehege im Zoo.

115 [F6] **One Lounge,** Kantstraße 163–165, Berlin-Charlottenburg (S und U2, U9 Zoologischer Garten), www.motel-one.com, Fr./Sa. 18–2 Uhr, So.–Do. 18–1 Uhr. Schicke Hotelbar mit Rooftop im 10. Stock des Upper West, großartiger Rundumblick auf Gedächtniskirche, Tiergarten, Siegessäule u. v. m., gemixt wird schwerpunktmäßig auf Gin-Basis.

116 [K7] **Solar,** Stresemannstr. 76, Berlin-Kreuzberg (S1, S2 Anhalter Bahnhof, U6 Kochstraße, Bus M41, M29), www.solarberlin.com, So.–Do. 18–2, Fr./Sa. 18–3 Uhr. Restaurant in der 16., Klublounge in der 17. Etage im Hochhaus gegenüber vom Anhalter Bahnhof. Tolle Panoramasicht. Auffahrt im gläsernen Fahrstuhl.

117 [J6] **Vox Bar,** Marlene-Dietrich-Platz 2 (im Hotel Grand Hyatt), Berlin-Tiergarten (S und U2 Potsdamer Platz), vox-restaurant.de, tgl. ab 18 Uhr. Mehrfach vom „Feinschmecker" zur besten Hotelbar gekürt. Über 300 verschiedene Whiskysorten erwarten den Kenner.

Dancefloor

118 [M1] **Alte Kantine,** Knaackstr. 97 (in der Kulturbrauerei), Berlin-Prenzlauer Berg (U2 Eberswalder Straße) www.alte-kantine.de, Mi.–Mo. je nach Party ab 22 oder 23 Uhr. Funky Beats zwischen massigen Gewölbebögen. Ausnahme samstags: Da verwandelt sich der Klub mit dem „Kantinenlesen" immer ab 20 Uhr in eine der ersten Berliner Lesebühnen.

119 [P6] **Berghain,** Am Wriezener Bahnhof, Berlin-Friedrichshain (S Ostbahnhof), www.berghain.de, Öffnungszeiten nach Programm. Elektro, Techno, Tech Punk, Vocals und DJing auf zwei Floors im alten Heizkraftwerk.

120 [Q8] **Chalet,** Vor dem Schlesischen Tor 3, Berlin-Kreuzberg (U1 Schlesisches Tor, Bus 265). www.chalet-berlin.de, Garten im Sommer bei gutem Wetter tgl. ab 17 Uhr, Klub Do.–Sa. 24–10 Uhr. Elektrotunes im Märchengarten, ab Mitternacht drinnen im Klubbereich.

121 [L3] **Clärchens Ballhaus,** Auguststraße 24, Berlin-Mitte (S1, S2, Oranienburger Straße), www.ballhaus.de, tgl. ab morgens 11 Uhr bis in die Puppen,

Tanz: Mo. ab 21 Uhr Salsa, Di. ab 21 Uhr Tango, Mi. ab 21 Uhr Swing, Do. ab 21 Uhr Standard & Latein, Fr./Sa. ab 20 Uhr Schwof, So. ab 15 Uhr Tanztee. Ob Ökosocke oder Designersandale, hier wird zu Oldie, Tango, Swing und Schwof das Tanzbein geschwungen.

122 [J6] **E4 Club,** Eichhornstraße 4, Berlin-Tiergarten (S und U2 Potsdamer Platz), www.e4-club.de, Fr./Sa. ab 23 Uhr. Disco total am Potsdamer Platz!

123 [H9] **Havanna,** Hauptstraße 30, Berlin-Schöneberg (U7 Kleistpark, Bus 104, 148, 204), www.havanna-berlin.de, Mi. ab 21 Uhr, Fr./Sa. ab 22 Uhr. Salsa, Latino, Black Music auf mehreren Floors. Tanzanleitung jeweils 1 Std. vor Einlass.

124 [N6] **Sage Club,** Brückenstraße 1, Berlin-Mitte (U8 Heinrich-Heine-Straße), www.sage-club.de, Do. ab 21 Uhr. Drei Dancefloors, Lounges, Bars und Gartenbereich im umgebauten U-Bahnhof Heinrich-Heine-Straße, dazu Rock, Electro, Indie, Metal, Punk, Freestyle.

125 [P7] **Watergate,** Falckensteinstraße 49, Berlin-Kreuzberg (U1 Schlesisches Tor), www.water-gate.de, Mi.–Sa. ab 24 Uhr. Minimaltechno über den Wellen der Spree.

Berlin für Kauflustige

Berlin geht mit dem gesetzlichen Ladenschluss sehr liberal um, sodass man bis weit in die Abendstunden hinein shoppen kann. Dabei steht das Extravagante, Originelle meist ganz oben auf dem Einkaufszettel, und je nach Pflaster reichen die Preise von günstig bis astronomisch. Neben den jeweiligen Hauptgeschäftsstraßen, die jeder Bezirk sein eigen nennt, konzentrieren sich die überbezirklichen Shoppingmeilen rund um Tauentzienstraße und Kurfürstendamm, Friedrichstraße, die Hackeschen Höfe und Alexanderplatz.

Einkaufsmeilen

Eine Attraktion für sich, da größtes Kaufhaus Europas, ist das **KaDeWe** 96 am Wittenbergplatz. Es bildet die östliche Endmarke der **Tauentzienstraße** 93, wo sich ein Konsumtempel an den anderen reiht. Dagegen bietet das Bikinihaus (s. S. 66) gegenüber der Kaiser-Wilhelm-Gedächtnis-Kirche 94 eine

337be-kj

Shoppingareale
Die wichtigsten Shoppingbereiche der Stadt sind im Kartenmaterial mit einer rötlichen Fläche markiert.

spannende Auswahl hochwertiger Conceptstores für den stilbewussten individuellen Geschmack. Am Kranzlereck geht der „Tauentzien" über in den platanengesäumten **Kurfürstendamm** 97, von den Berlinern kurz „Ku'damm" genannt, der zu den exklusivsten Einkaufsgelegenheiten der Hauptstadt zählt. Hier shoppt die Dame von Welt: Bulgari, Escada, Versace lauten ihre Adressen, die im Wechsel mit edlen Designboutiquen, Juwelieren, Antiquitätenläden und Kunstgalerien den Ku'damm schmücken, insbesondere zwischen Knesebeckstraße und Olivaer Platz sowie in den dortigen Nebenstraßen.

Dem gegenüber präsentieren die **Arkaden am Potsdamer Platz** 79 eher das Angebot der gängigen Handelsketten, während die 2014 eröffnete **Mall of Berlin**, ganz in der Nähe am Leipziger Platz, mit fast 300 Läden alles vereint, was des Shoppers Herz übergehen lässt.

Die dynamische Businesswelt hält direkten Kurs auf die Modegeschäfte in der Friedrichstraße 49. Filialen internationaler Designer gehören zum Einkaufserlebnis ebenso wie die **Galeries Lafayette** und das benachbarte **Quartier 206** (s. S. 47) mit hochpreisigen Interieur-Designs und Luxusklasse-Boutiquen.

Mall of Berlin: Schaufensterbummel auf 7,6 ha Verkaufsfläche

EXTRATIPP

Schokoladig
Seit 1916 bietet der Berliner Traditionschocolatier **Erich Hamann** seine Schokoladen und Pralinenkreationen feil, ein ebenso köstliches wie Berlin-typisches Mitbringsel für die Lieben daheim.

129 [D8] **Erich Hamann Schokoladen,** Brandenburgische Straße 17, Berlin-Wilmersdorf (U7 Konstanzer Straße), www.hamann-schokolade.de

Cool-Urbanes und Edel-Designtes versammelt sich in den Läden rund um den Touristenmagnet **Hackesche Höfe** 66, dort vor allem entlang der Rosenthaler Straße, Alten und Neuen Schönhauser Straße, Weinmeister-, Mulack- und Münzstraße. Am **Alexanderplatz** 44 findet man vom Bekleidungskaufhaus über den Elektronikmarkt bis hin zur riesigen Shoppingmall alles an einem Ort.

Flippige Gegenentwürfe zum Eingeführten offerieren die Szeneläden, Streetware-Shops und Selfmade-Labels im Prenzlauer Berg in der **Kastanienallee** [M2] und in Kreuzberg in der **Oranienstraße** 111.

Extravagantes

126 **Glamorous Berlin,** Stargarder Straße 78, Berlin-Prenzlauer Berg (S und U2 Schönhauser Allee), www.glamorous-berlin.de. Traumhafte Lady-Looks von Casual über Business bis zur Abend-Gala.

127 [M3] **GUNVOR,** Steinstraße 4, Berlin-Mitte (U8 Weinmeisterstraße), www.gunvor.berlin. Exklusive Vintage-Mode und Schmuck. Aus zweiter Hand bedeutet hier erste Wahl.

128 [I7] **Hutgalerie Fiona Bennett,** Potsdamer Straße 81, Berlin-Schöneberg (U1 Kurfürstenstraße), www.fiona

bennett.com. Große Kunst für den Kopf, handgefertigt, vom dezenten Top bis zum Haute-Couture-Obenauf.

130 [E6] **Stilwerk,** Kantstraße 17, Berlin-Charlottenburg (U2, U9 und S Zoologischer Garten), www.stilwerk.de. Edelkaufhaus für Erlesenes rund ums Wohnen.

131 [M2] **Thatchers Berlin Fashion,** Main Store, Kastanienallee 21, Berlin-Prenzlauer Berg (U2 Eberswalder Straße), Mo.–Sa. 11–19 Uhr, www.thatchers.de. Mode made in Berlin, die auf den Pariser Laufstegen Aufsehen erregt und trotzdem für junge Frauen zwischen zwanzig und achtzig tragbar ist. Eine weitere Filiale gibt es in der Nogatstraße 28 in Berlin-Neukölln.

132 [L3] **Thone Negrón Store,** Linienstr. 71, Berlin-Mitte (U8 Rosenthaler Platz), https://thonenegron.com. Bekleidungskunststücke der Berliner Designerin Ettina Berrios-Negrón: lange Kleider, feine Seidenblusen und Bundfaltenhosen, die Schnitte klassisch und fließend.

356be-kj

133 [N2] **Wertvoll,** Marienburger Str. 39, Berlin-Prenzlauer Berg (Tram M2 Marienburger Straße, Tram M4 Hufelandstraße), www.wertvoll-berlin.com. Nachhaltiger Concept Store mit Top-Outfits, Schmuck, Schuhen, Taschen, Gürteln und anderen Accessoires; ökologisch, handgemacht, fair gehandelt.

Accessoires, Vintage & Co.

134 [L4] **Glanzstücke,** Sophienstraße 7/Hackesche Höfe, Berlin-Mitte (S Hackescher Markt), www.glanzstuecke-berlin.de. Traumhaft schöner Modeschmuck des 20. Jahrhunderts, Ketten, Ohrringe, Broschen, Manschettenknöpfe, Accessoires speziell von Art déco bis 1960er-Jahre. In den Hackeschen Höfen direkt am Eingang Sophienstraße.

135 [M4] **Made in Berlin,** Neue Schönhauser Straße 19, Berlin-Mitte (U8 Weinmeisterstraße), www.picknweight.de. Goldgrube für Vintage-Freaks: trendy clothes aus den letzten Jahrzehnten. Wer dort nicht fündig wird, geht ein paar Schritte weiter zu Pick N Weight:

136 [M4] **Pick N Weight,** Alte Schönhauser Straße 30, www.picknweight.de

137 [L4] **promobo®,** Hackesche Höfe (Hof 3 und 5), Rosenthaler Straße 40/41, Berlin-Mitte (S Hackescher Markt), http://promobo.de. Junge Designer präsentieren ihre Arbeiten von Accessoires über Schmuck und Kleidung bis hin zu ausgefallenen Möblierungsideen.

Berlin-Souvenirs

138 [L4] **Ampelmann Shop,** Unter den Linden 35, Berlin-Mitte (U6 Französische Straße), www.ampelmann.de. Das DDR-Ampelmännchen ist Kult, auf Shirts, als Schlüsselanhänger, Buchstütze oder in der Tüte als Fruchtgummi. Insgesamt fünf Shops in Berlin, einer davon befindet sich in den Hackeschen Höfen 66.

🛍139 [E7] **KPM Manufakturverkauf,** Wegelystraße 1, Berlin-Tiergarten (S Tiergarten), www.kpm-berlin.com. Exklusiv aus der Stadt stammen die Erzeugnisse der Königlichen Porzellan-Manufaktur (KPM). 1763 von König Friedrich II. ins Leben gerufen, ist sie mit ihren Klassikern aus allen Epochen wie auch ihren zeitgenössischen Porzellanen in der Verkaufsgalerie in der Wegelystraße präsent.

🛍140 [K5] **Muddastadt Berlin,** Unter den Linden 40, Berlin-Mitte (Bus 100, 200, TXL), www.muddastadt-berlin.de. Ultimatives Andenken-Shoppen, über 3000 Souvenir- und Geschenkartikel mit Berlin-Bezug.

Bücher

🛍141 [K5] **Kulturkaufhaus Dussmann,** Friedrichstraße 90, Berlin-Mitte (S und U6 Friedrichstraße), www. kulturkaufhaus.de. Neben einer Fülle an Büchern und Hörbüchern, CDs, DVDs, Software u. v. m. verfügt das Kulturkaufhaus über eine große Auswahl an Berlin-Literatur.

🛍142 [E6] **Schropp Land & Karte,** Hardenbergstraße 9a, Berlin-Charlottenburg (U2 Ernst-Reuter-Platz), www.landkartenschropp.de. Für alle, die noch viel weiter wollen: Reiseführer, Reiseberichte, Globen, Wandkarten, Fahrradkarten, Straßenkarten, Atlanten und vieles mehr.

Märkte

Eine tolle Gelegenheit nicht nur zum Stöbern, Entdecken und Feilschen, sondern auch um sich unter die Spree-Athener zu mischen, bieten die Wochen- und Trödelmärkte.

› **Flohmarkt am Mauerpark,** Berlin-Prenzlauer Berg (U8 Bernauer Straße oder U2 Eberswalder Straße), www.flohmarktimmauerpark.de, So. 9–18 Uhr. Bei schönem Wetter großes sonntägliches Freilufthappening mit einem Angebot von Krempel bis Kunsthandwerk. Dazu legendär: Open-Air-Karaoke im Mauerpark-Amphitheater.

› **Hallentrödelmarkt** an der Arena, Puschkinallee/Am Flutgraben [Q8], Berlin-Treptow (S Treptower Park, U1 Schlesisches Tor, Bus 265), www.hallentrödelmarkt-berlin-treptow.de, Sa./So. 10–18 Uhr, im Winter bis 16 Uhr. In den Hallen zwischen Kreuzberg und Treptow gibt es vom Alibertschrank über Klamotten und alte Möbel bis zum verrosteten Presslufthammer fast alles aus zweiter Hand.

🛍143 [L9] **Marheineke-Markthalle,** Marheinekeplatz 15, Berlin-Kreuzberg (U7 Gneisenaustraße), www.meine-markthalle.de, Mo.–Fr. 8–20 Uhr, Sa. 8–18 Uhr. Kiezleben live, dazu gibt es frische Lebensmittel, Feinkost und leckere Happen zu schnabulieren.

› **Trödel- und Kunstmarkt** an der Straße des 17. Juni [F5], Berlin-Charlottenburg (S Tiergarten), www.berlinertroedelmarkt.com, Sa./So. 10–17 Uhr. Größte wochenendliche Freiluftverkaufsveranstaltung des Berliner Kunst- und Antiquitätenkleingewerbes. Stöbern ist Muss!

› **Türkischer Markt** am Maybachufer [N8/9], Berlin-Kreuzberg (U8 Schönleinstraße), www.tuerkenmarkt.de, Di. und Fr. 11–18.30 Uhr. Großes Getümmel am Landwehrkanal. Zwischen den Ständen mit Obst, Gemüse, Käse und Fleisch, Spezereien und Stoffballen trifft sich ganz Kreuzberg zum Einkaufen.

› **Winterfeldtmarkt** am Winterfeldtplatz [H8], Berlin-Schöneberg (U1–U4 Nollendorfplatz), http://winterfeldtplatz.winterfeldt-markt.de, Mi. 8–14 Uhr, Sa. 8–16 Uhr. Samstäglicher Kultplatz für den Viktualienerwerb, mit anschließendem Spazierensitzen in den umliegenden Cafés und Kneipen.

◁ Startpunkt ins Shopping-Paradies: das Kranzlereck am Kurfüstendamm

Zur richtigen Zeit am richtigen Ort

Ob Feste, Festivals oder Kulturtage, ob Straßenpartys, Umzugsparaden oder Sportgroßereignisse – der Berliner Festkalender ist prall gefüllt. Hier folgt eine Auswahl der wichtigsten, beliebtesten und renommiertesten Veranstaltungen.

Januar/Februar

- **Internationale Grüne Woche:** Leistungsschau von Ernährungs- und Landwirtschaft sowie Gartenbau und außerdem größtes Fressfest in Deutschland. Veranstaltungsort sind die Messehallen am Funkturm. Info: www.gruenewoche.de.
- **Transmediale:** Festival für zeitgenössische Kunst und digitale Kultur, vier Tage Ende Januar/Anfang Februar. Info: www.transmediale.de.
- **Internationale Filmfestspiele Berlin:** zusammen mit Cannes und Venedig das wichtigste europäische Filmfestival, mit internationalem Staraufgebot am Potsdamer Platz. Info: Tel. 259200, www.berlinale.de.

März

- **ITB:** Die große weite Welt ist zu Gast in Berlin. Auf der Internationalen Tourismusbörse präsentiert sich der weltgrößte Reisemarkt in fantastischer Vielfalt. Info: Tel. 30380, www.itb-berlin.de.
- **MaerzMusik:** Das internationale Musikfest präsentiert aktuelle bis experimentelle neue Werke der Orchester- und Kammermusik. Info: Tel. 254890, www.berlinerfestspiele.de.

Mai

- **MyFest:** Legendär in Kreuzberg am 1. Mai. Früher autonome Entglasungsaktion, heute großes Party-Geknubbel zwischen Oranienplatz, Mariannenplatz und Görlitzer Park. Info: www.myfest36.de.
- **Theatertreffen:** Zwei Wochen lang spielen im Rahmen dieses Gipfeltreffens der dramatischen Kunst die führenden deutschsprachigen Bühnen auf. Info: Tel. 254890, www.berlinerfestspiele.de.

Pfingsten

- **Karneval der Kulturen:** kunterbunter Multikulti-Umzug von Menschen aller Länder der Welt an der Spree. Info: www.karneval-berlin.de.

Karneval an der Spree

Auch wenn das närrische Februar-Treiben im märkischen Preußen allmählich Fuß fasst – der wahre Berliner Karneval findet an Pfingsten statt! Zur farbenfröhlichen Umzugsparade aller Berliner Nationalitäten versammeln sich Pfingstsonntag in Kreuzberg über eine Million Besucher, um zusammen mit indonesischen Gamelanorchestern, balinesischen Tempeltänzerinnen, bayerischen Blaskapellen, Trommlergruppen aus Kamerun, brasilianischen Samba-Formationen, Neuköllner Breakdancern und vielen mehr Weltoffenheit, Vielfalt und Toleranz zu feiern.

Umrahmt wird der Umzug von einem viertägigen Straßenfest zwischen Blücherplatz und Waterloo-Ufer, wo zwischen den Buden auf den Bühnen fast 1000 Künstler aus aller Welt von Türkpop über Balkanbeat, Afroreggae, Limbo und Latin Berlin zum Swingen bringen.

Juni/Juli

- **Berlin Biennale:** Von Juni bis September eines der wichtigsten Schaufenster für zeitgenössische Kunst, alle zwei Jahre im Turnus (2018, 2020 usw.). Info: Tel. 2434590, www.berlinbiennale.de.
- **Christopher Street Day:** große bunte Umzugsparade der Berliner Schwulen und Lesben. Info: Tel. 23628632, www.csd-berlin.de.
- **Fête de la Musique:** weltweiter Tag der Rock- und Popmusik, umsonst und draußen auf zahlreichen Bühnen. Info: www.fetedelamusique.de.
- **Classic Open Air Berlin:** Drei Sommernächte lang erklingt im Juli klassische Musik auf dem Gendarmenmarkt. Info: Tel. 01806 999000606, www.classicopenair.de.
- **Wassermusik – Sommer-Open-Air-Festival:** drei Wochen spannendes Weltmusikprogramm, Filme und Wortveranstaltungen im Juli auf der Dachterrasse im Haus der Kulturen der Welt [I4]. Info: Tel. 39787175, www.hkw.de.

Open-Air-Events ziehen die Berliner in Scharen an

August

- **Tanz im August:** führendes Festival des zeitgenössischen Tanzes. Neuentdeckungen von jungen Choreografen und Kompanien sowie Wiederbegegnung mit Künstlern, die das internationale Tanzgeschehen entscheidend mitgeprägt haben. Info: www.tanzimaugust.de.

EXTRATIPP

Christmas Garden

Immer in der dunklen Jahreszeit verwandelt sich der **Botanische Garten** in ein Märchenland. Über 1,5 Millionen Lichter funkeln beim Christmas Garden auf dem zwei Kilometer langen Rundweg an verwunschenen Blumen, schwebenden Sternen und tanzenden Bäumen vorbei.

★144 **Botanischer Garten,** Eingänge Unter den Eichen 5–10 (Bus M48) und Königin-Luise-Platz (Bus X83 und 101), beide Berlin-Dahlem, https://christmas-garden.de, Mitte Nov.–Anfang Jan. tgl. 16.30–22 Uhr, Eintritt 17 €, erm. 14,50 €, Kinder bis 6 Jahre frei.

- **Young.euro.classic:** 2½-wöchiges Klassikfestival mit internationalen Jugendorchestern im Konzerthaus am Gendarmenmarkt. Info: www.young-euro-classic.de.
- **Internationale Funkausstellung:** Messe der Kommunikationsmedien und Unterhaltungselektronik, zugleich große Party mit Stars aus Film, Funk und Fernsehen, Ende August unter dem Funkturm. Info: www.ifa-berlin.de.
- **Lange Nacht der Museen:** Rund 80 Museen öffnen für Ausstellungen, Filme, Konzerte, Theater oder Lesungen bis 2 Uhr nachts ihre Türen. Info: Tel. 24749700, www.lange-nacht-der-museen.de.

September

- **Berlin Marathon:** Deutschlands größter Marathonlauf. Zehntausende Langstreckenläufer aus über 100 Nationen, Spitzensportler wie Amateure, drängeln durchs Brandenburger Tor. Info: www.bmw-berlin-marathon.com.
- **Internationales Literaturfestival:** zwei Wochen lang Lesungen zeitgenössischer Lyrik und Prosa von international renommierten Autoren und spannenden Newcomern. Info: Tel. 25489100, www.literaturfestival.com.
- **Berlin Art Week:** An fünf Tagen im September stürzt sich Berlin in die Präsentation junger Kunst und das Publikum kommt zahlreich. Info: www.berlinartweek.de.
- **Musikfest Berlin:** Internationale Spitzenorchester sind für 19 Tage zu Gast in Berlin. Info: www.berlinerfestspiele.de, Tel. 254890.

Oktober

- **Deutschlandfest:** Musikbühnen und Budenzauber am Tag der Deutschen Einheit vor dem Brandenburger Tor 1 und auf der Straße des 17. Juni.
- **Festival of Lights:** Zwölf Nächte im Oktober verwandeln sich Berlins schönste Sehenswürdigkeiten in ein buntes Lichtermeer. Sehr atmosphärisch. Info: www.festival-of-lights.de.
- **Berlin Food Week:** Eine Woche lang mit Hunderten von kulinarischen Veranstaltungen präsentieren Spitzenköche, Gastronomen, Food-Entrepreneure und -Manufakturen Fine-Dining der Extraklasse. Info: www.berlinfoodweek.de.

November

- **JazzFest** Berlin: Berühmte Gruppen und Solisten sowie experimentelle Insider-Acts verwandeln Berlin vier Tage lang in eine Hauptstadt des Jazz. Info: Tel. 25489100, www.berlinerfestspiele.de.
- **Jüdische Kulturtage:** zahlreiche Kulturveranstaltungen der Jüdischen Gemeinde Berlin. Info: Tel. 31575416, www.juedische-kulturtage.org.

Dezember

- **31. Dezember:** große Silvesterparty am Brandenburger Tor, mit Stars aus Film, Funk und Fernsehen, großem Feuerwerk und einer Million Besucher. Info: https://brandenburger-tor-berlin.de.

BERLIN VERSTEHEN

213be-kj

Berlin liegt mittenmang in Europa –, was die Koordinaten des Roten Rathauses beweisen: 52°31'12" nördliche Breite, 13°24'23" östliche Länge. Die Berliner wohnen also etwa gleich weit entfernt von Nordkap und Gibraltar, Atlantik und Ural, und auch mental fühlen sie sich gerne im Mittelpunkt. Nicht dass sie deswegen gleich eingebildet wären. Aber ein bisschen Stolz auf ihre schöne Millionenmetropole darf schon sein.

Das Antlitz Berlins

Mit 890 Quadratkilometern ist die deutsche Bundeshauptstadt etwa neun Mal so groß wie Paris. Zusammen mit dem brandenburgischen Speckgürtel jenseits der 234 Kilometer langen Stadtgrenze bildet sie einen der größten europäischen Ballungsräume und mit 3,7 Millionen Einwohnern ist sie allemal die größte Stadt Deutschlands. Über die Entfernungen innerhalb Berlins darf man sich also nicht wundern, ebenso wenig über die Verschiedenheit von Bezirk zu Bezirk, Stadtteil zu Stadtteil und Kiez zu Kiez.

Eine Metropole mit vielen Städten

Berlin besteht aus **zwölf Bezirken,** von denen ein jeder mit eigenem Rathaus und Bürgermeister, eigenen Kitas, Schulen und anderen kommunalen Einrichtungen, Einkaufsstraßen und Stadtzentren jeweils eine eigenständige Großstadt ist. Sagt beispielsweise der Spandauer, er fährt in die Stadt, meint er damit nicht den Ku'damm oder Alexanderplatz, sondern seine Spandauer Altstadt. Möglicherweise ist er noch nie in seinem Leben in Treptow, Weissensee oder Kreuzberg gewesen, ebenso wenig wie mancher Kreuzberger oder Friedrichshainer jemals seinen Fuß etwa nach Friedenau, Gatow oder Ahrensfelde gesetzt hat. Wozu auch? Man hat doch alles beieinander in seiner eigenen Stadt.

Mit 238.000 Einwohnern ist **Spandau** als kleinster Berliner Bezirk größer als die rheinland-pfälzische Landeshauptstadt Mainz. Spit-

Vorseite: Am Brandenburger Tor ❶ trifft sich die Welt

zenreiter ist der Bezirk **Pankow**, wo rund 400.000 Menschen leben und der damit nach Duisburg Rang 16 unter den deutschen Großstädten einnimmt; gefolgt vom Bezirk Mitte (370.000 Ew.), der Stadt Wuppertal (350.000 Ew.) sowie den Bezirken Tempelhof-Schöneberg (348.000 Ew.) und Charlottenburg-Wilmersdorf (335.000 Ew.), dann der Stadt Bielefeld (334.000 Ew.) und schließlich dem Bezirk Neukölln (330.000 Ew.) als Nummer 22 von insgesamt 27 deutschen Großstädten oberhalb der 300.000-Einwohner-Marke.

Bezirke, Stadtteile, Kieze

Während die Zehlendorfer im grünen Südwesten und die Köpenicker im grünen Südosten mit 1400 bzw. 900 Menschen auf einem Quadratkilometer eine herrliche Seenlandschaft genießen, drängeln sich in Kreuzberg 14.600 und im Prenzlauer Berg 12.700 Menschen auf einem Quadratkilometer – den beiden **deutschlandweit am dichtesten besiedelten Flächen.** Dabei trennen die Prenzlberger in ihren schön sanierten Gründerzeitbauten Welten von den Prenzlbergern in den weiter nördlich gelegenen Plattenbausiedlungen. Gemeinsam ist ihnen wiederum, dass sie zusammen ein Stadtteil von Pankow sind, ebenso wie die Bucher am Waldesrand oder die Gartenstädter in Heinersdorf, und darüber hinaus Pankow der schönste und spannendste aller Berliner Bezirke ist – wie die Pankower meinen. In Mitte, Charlottenburg-Wilmersdorf oder Friedrichshain-Kreuzberg, in Steglitz-Zehlendorf, Treptow-Köpenick oder Marzahn-Hellersdorf sieht man das natürlich ganz anders. Denn selbstverständlich ist immer der eigene Bezirk der Superlativ. Sonst würde man ja nicht dort leben.

Den Berliner **Lokalpatriotismus** kann man dabei durchaus als konzentrisch beschreiben: Im Zentrum aller Heimatgefühle steht der Kiez als die kleinste berlinische Einheit: das Wohnviertel mit Einkaufsladen, Wochenmarkt, Stammkneipe, wo man zu Hause ist und jeden kennt

Blick von der Siegessäule 89 *über den Tiergarten* 88 *zum Fernsehturm* 43 *am Alexanderplatz* 44

338be-fo©adogg

Keen Padong!

Mönsch Balin, biste knorke!, um nich zu saachen: die schauetste Stadt uff die janze Erdkujel! Nich det Eijenlob schtinkt, aba wennet Balinüsche nu ehmt ma'et Jrößte is, da kann unsaeens doch ooch nüscht dafüa. Un erstema unsa jottjejebena ruppija Muttawitz! Kollateralschäden wat de Benimmse betrifft wern derstewejen in Kauf jenommen. Immahin vabirgt sich hinta die Koddaschnauze een sentimentalet Herzklötan, wat uff keen Fall uffjedeckt wern darf. Man will doch nich mit eema wien Jemütsmensch dastehn! Nee, ehrlich, imma mechtich drufforjeln is die Parole, und wennet Jejenüba dabei nich gnatzich wird, wat saachen will, wenner Jespräächspatna in't Jejentum direktmang Kontra jibt un zurückquasselt, ham sich unvazüchlich zwee beede jefunden. Nee wa, ville Respekt hamwa nich. Also keen Dremmel kriejen, werta Besucha von Spree-Athen, rin inne Buletten un selbst ausklamüsan, wat Balin nu zu die tollste Stadt uffm Erdball macht, wat ooch imma. Dit isset Leben.

und den man deshalb nur notwendigerweise verlässt. Oder würde man als Frankfurter etwa unaufgefordert nach Wiesbaden fahren?

Nächstgrößere patriotische Einheiten sind der **Stadtteil**, dann der **Bezirk** und schließlich **Berlin**, zu dem die Berliner eine glühende, aber auch ambivalente Liebesbeziehung haben. Gut die Hälfte der Hauptstädter hat an Berlin etwas zu meckern. Doch Klappern gehört zum Handwerk und wehe, es würde jemand von außerhalb Kritisches auf die schönste und spannendste Hauptstadt der Welt, also auf Berlin, kommen lassen! Dann würde lässig John F. Kennedy aus dem Ärmel gezaubert, der da am 26. Juni 1963 vor dem Rathaus Schöneberg feststellte: „Vor zweitausend Jahren war der stolzeste Satz, den ein Mensch sagen konnte: Ich bin ein Bürger Roms. Heute ist der stolzeste Satz, den jemand in der freien Welt sagen kann: Ich bin ein Berliner."

Wie der Berliner so ist

Lässig findet er sich, cool, urban, weltstädtisch. Die anderen halten ihn eher für eingebildet, manchmal auch großkotzig und zumindest für unfreundlich. Die Wahrheit ist: Es gibt 3,7 Mio. Berliner, unter denen charmante oder auch knurrige Exemplare vorkommen, ebenso wie freundliche, fröhliche, herzliche. Und eine gewisse Ruppigkeit muss man vielleicht an den Tag legen, wenn man so eng beieinander lebt.

Bis 2005 ging die Bevölkerungszahl zwar kontinuierlich zurück. Wer es sich leisten konnte, zog hinaus aus der lärmenden Stadt ins brandenburgische Umland. Dann aber wendete sich das Blatt. Seit 2006 steigt Berlins Einwohnerzahl wieder, in jüngster Zeit schneller denn je. Bis zum Jahr 2030, so die Prognosen, soll die deutsche Hauptstadt auf knapp 4 Mio. Einwohner anwachsen.

Insgesamt verließen seit dem Mauerfall fast 1,7 Mio. Menschen die Stadt. Mehr noch, nämlich 2 Mio., zogen nach der Wiedervereinigung an die Spree. In keiner anderen deutschen Stadt hat es seit 1990 einen so massiven Bevölkerungsaustausch gegeben. Über die Hälfte der Berliner sind noch nicht mal 30 Jahre Berliner. Weshalb man gar nicht so genau sagen kann, wie der zeitgenössische Berliner eigentlich typischerweise ist.

Wie seine Stadt gesehen wird, brachte dagegen 2017 eine Umfrage des internationalen News- und Lifestyle-Magazins „Monocle“ an den Tag, das Berlin nach Tokio und Wien zur lebenswertesten Stadt auf dem Erdball erklärt. Faktoren wie Kriminalität, Gesundheitsfürsorge oder die Möglichkeiten für Kinder und Familien spielen dabei eine Rolle. Die Spree-Metropole punktet außerdem mit ihrem reichen Kultur- und Freizeitangebot und den öffentlichen Verkehrsmitteln. Viel Lob also für die deutsche Hauptstadt, dem sich der Berliner auch überhaupt nicht entziehen mag. Denn seine Liebe zu Berlin ist insgesamt ziemlich ausgeprägt. Weshalb man bei allem, was er ständig zu meckern hat, summa summarum feststellen muss: Berlin macht die Berliner offenbar glücklich.

013be-kj

Von den Anfängen bis zur Gegenwart

Kurz vor der Jahrtausendwende gruben Archäologen auf der südlichen Spreeinsel, einem der ältesten Orte Berlins, eine auf das Jahr 1171 datierte Eichenbohle aus. Dieser Fund war eine kleine Sensation, denn er beweist: Die Stadt ist älter als bisher gedacht!

1237 Der Ort Cölln auf der Spreeinsel wird das erste Mal in einer Urkunde erwähnt. Dieses Datum gilt heute als offizieller Geburtstag der Stadt.

1244 Der Ort Berlin am gegenüberliegenden östlichen Spreeufer taucht erstmals in einem Schriftstück auf.

1307 Berlin und Cölln bilden eine Union. Gerichtswesen, Kirchenorganisation und Landesverteidigung werden zusammengelegt.

1415 König Sigismund ernennt den Nürnberger Burggrafen Friedrich von Hohenzollern zum Kurfürst und Markgraf von Brandenburg. Als Friedrich I. von Brandenburg wird er Stammvater aller brandenburgischen Markgrafen und Kurfürsten, preußischen Herzöge, Könige und deutschen Kaiser bis 1918.

15. Jh. 1432 vereinigen sich Berlin und Cölln zu einer Stadtgemeinde. 1486 macht Kurfürst Johann Cicero Berlin-Cölln zu seiner Residenz.

16. Jh. In die Regierungszeit Joachims II. Hektor 1535–1571 fällt die Reformation; 1539 nimmt der Kurfürst das lutherische Bekenntnis an. Er lässt die alte Schloss-

Nur noch wenige erhaltene Mauerstücke erinnern an die fast dreißig Jahre lange Teilung der Stadt

KURZ & KNAPP

Hugenotten in Berlin

Seit dem Toleranz-Edikt von Potsdam, das 1685 der Große Kurfürst Friedrich Wilhelm erlassen hatte, strömten Glaubensflüchtlinge aus halb Europa in die Mark Brandenburg, darunter zahllose französische Protestanten. In ihrem katholischen Heimatland wurden sie, etwa ab 1560 „Hugenotten" genannt, unterdrückt und verfolgt. Unter den brandenburgischen Kurfürsten und preußischen Königen genossen sie dagegen Religionsfreiheit und für die Ansiedlung außerdem eine Reihe Privilegien. Denn nichts war kostbarer in der dünn besiedelten, ärmlichen, zurückgebliebenen Mark als viele Menschen, die sich im Land niederließen, es urbar machten und vor allem auch Steuern zahlten. Bereits 1700 war jeder fünfte Berliner Franzose.

Die Hugenotten brachten neue Handwerkstechniken mit an die Spree. Sie setzten neue Impulse in Bildung, Wissenschaft und Kultur, führten zivilisierte Tischsitten ebenso wie das Lottospiel ein, und sehr zur Freude der von Rüben und Hafer nicht eben verwöhnten märkischen Gaumen machten sie bis dahin fremde Gemüsesorten bekannt. Von der Bulette über die Bockwurst bis hin zum Weißbier reichten weitere innovative Genüsse, von denen heute kaum jemand noch weiß, dass sie ursprünglich von französischen Einwanderern stammen.

Auch viele französischen Wörter bzw. deren „eingedeutschte" Version fanden Eingang in den Alltag. Beispielsweise ist der französische Suffix „-ment" bis heute im Berliner Platt zu vernehmen (z. B. in „direktemang"). Und wenn der Berliner mal in die Bredullje (bredouille) gerät, tut er es seinen eingewanderten Vorfahren gleich und löst sein Problem aus der Lameng (à la main), d. h. im Handumdrehen.

bude seiner Vorgänger niederreißen und ein prunkvolles Stadtschloss 36 errichten, das, jahrhundertelang umgebaut und erweitert, 1950 gesprengt wird.

1618–1648 Dreißigjähriger Krieg. An seinem Ende hat Berlin fast die Hälfte seiner vormals 10.000 Einwohner verloren.

1640–1688 Der „Große Kurfürst" Friedrich Wilhelm (1620–1688) legt den Grundstein für den Aufstieg Brandenburg-Preußens zur europäischen Großmacht. Infolge des „Edikts von Potsdam" 1685 strömen Glaubensflüchtlinge aus aller Welt in das kriegsentvölkerte Land, darunter zahllose in Frankreich verfolgte Hugenotten. Bereits 1671 wird die Jüdische Gemeinde gegründet.

1701 Der Sohn und Nachfolger des Großen Kurfürsten lässt sich als Friedrich I. zum König in Preußen krönen. Ein Jahr zuvor wird bereits die Societät der Wissenschaft gegründet, 1696 die Akademie der Künste 4 und 1695, weit draußen vor den Toren der Stadt, mit dem Bau von Schloss Charlottenburg 98 begonnen.

1709 Berlin-Cölln und die Neugründungen Friedrichswerder, Dorotheenstadt und Friedrichstadt werden zur königlich-preußischen Residenzstadt Berlin mit rund 50.000 Einwohnern zusammengelegt. Zum Vergleich: London zählt in jener Zeit über 700.000 Menschen.

1713–1740 „Soldatenkönig" Friedrich Wilhelm I. saniert die Finanzen – sein prunksüchtiger Vater Friedrich I. hatte ein riesiges Loch im Staatssäckel hinterlassen – und baut Preußen zum effizient verwalteten Militär- und Beamtenstaat aus. 1717 führt er die allgemeine Volksschulpflicht ein, lässt die alte Wehrmauer schleifen und 1634–1637 durch eine Zollmauer ersetzen. 1740, im Todesjahr des Soldatenkönigs, hat sich die Einwohnerzahl auf knapp 100.000 verdoppelt.

1740–1786 Die Regierungszeit Friedrich II. des Großen. In drei Kriegen gegen das habsburgische Österreich steigt Preußen zur Großmacht auf. Als absoluter Monarch begreift sich der König als „erster Diener des Staats“ und führt das Land in die Aufklärung. Die Folter wird abgeschafft, die brandenburgischen Sümpfe werden urbar gemacht, Straßen und Kanäle gebaut. In Berlin entstehen Unter den Linden (10) zahlreiche Prunkbauten und die Straße selbst wird zum Boulevard ausgebaut.

1791 Das Brandenburger Tor (1) wird eingeweiht.

1800–1815 Die Hauptstadt des Königreichs Preußen zählt an der Jahrhundertwende rund 170.000 Untertanen. 1805 leitet Reichsfreiherr Karl von und zum Stein weitreichende Reformen ein, darunter die Bauernbefreiung, die eine massive Landflucht zur Folge hat. 1806 zieht Napoleon mit seinen Truppen in die Residenzstadt ein, bis Ende 1808 ist sie französisch besetzt. 1809 folgt unter Steins Nachfolger Hardenberg die Eröffnung der Berliner Universität, 1812 die Judenemanzipation und 1814 die Einführung der allgemeinen Wehrpflicht. Bis 1815 handeln die Großmächte auf dem Wiener Kongress die Neuordnung der europäischen Landkarte aus. Jahre der Restauration mit Pressezensur, Versammlungsverboten und Unterdrückung freiheitlicher Bestrebungen schließen sich an.

1816–1850 Die erste deutsche Lokomotive und das erste deutsche Dampfschiff gehen 1816 in Berlin auf Jungfernfahrt. 1818 wird Unter den Linden Karl Friedrich Schinkels Neue Wache (20) eingeweiht, das erste einer Reihe von klassizistischen Kleinoden, die der große Baumeister Preußens für Berlin schafft. Peter Joseph Lenné zeichnet verantwortlich für zahlreiche Grünanlagen, darunter 1819 für die Neugestaltung des Tiergartens. Währenddessen werden vor dem Hamburger und dem Oranienburger Tor die ersten berüchtigten Mietskasernen hochgezogen. Denn Berlin expandiert unaufhörlich und ist mittlerweile 400.000 Einwohner groß. 1837 ist Baubeginn für August Borsigs Maschinenfabrik, 1846 geht die erste Pferde-Omnibus-Linie in Betrieb. 1848 wird Berlin zu einem Zentrum der Märzrevolution.

1871 Nach dem letzten der drei Deutschen Einigungskriege wird in Versailles das Deutsche Reich proklamiert und Preußenkönig Wilhelm I. als deutscher Kaiser ausgerufen. Berlin ist nunmehr Hauptstadt des deutschen Kaiserreichs.

1871–1918 Die Reichshauptstadt boomt im Fieber der Gründerzeitjahre. War sie nach Eingemeindungen 1861 bereits auf 550.000 Einwohner gewachsen, überschreitet sie 1877 die Millionenmarke. 1879 stellt Siemens & Halske die weltweit erste elektrische Straßenbahn vor, 1902 eröffnet die erste Berliner U-Bahn-Linie. 1903 zählt die Stadt 1,9 Millionen Einwohner und ist die größte Mietskasernenstadt der Welt. Im Sommer 1914 beginnt der Erste Weltkrieg, an dem 1918 das Ende des deutschen Kaiserreichs steht.

1918/19 Im November 1918 kommt es zur Revolution. Vom Balkon des Reichstags (7) ruft Philipp Scheidemann die freie deutsche Republik aus, während Karl Liebknecht vom Stadtschloss (36) aus die freie sozialistische Republik proklamiert. Im Januar 1919 wird der Spartakusaufstand blutig niedergeschlagen.

1920 Mit dem „Gesetz über die Bildung einer neuen Stadtgemeinde Berlin“ verleibt sich die Spree-Metropole die sieben umliegenden Städte Charlottenburg, Köpenick, Lichtenberg, Neukölln, Schöneberg, Spandau und Wilmersdorf ein, außerdem zahlreiche Landgemeinden und Gutsbezirke. Groß-Berlin dehnt sich auf nunmehr 878,35 Quadratkilometer aus und wird von 3,85 Millionen Menschen bewohnt.

346be

Das historische Berliner Stadtschloss

Berlin nach der Reichsgründung 1871: In den Straßen der Hauptstadt geht es geschäftig zu.

1920–1928 In den „Goldenen Zwanzigern" entwickelt sich Berlin zur Kulturmetropole und größten Industriestadt Europas. Gleichzeitig steuert die Inflation auf einen Höhepunkt zu. 1923, als der Flughafen Tempelhof seinen Betrieb aufnimmt und im Vox-Haus die erste Radiosendung des Berliner Rundfunks erklingt, kostet 1 Dollar 40 Milliarden Mark.

1929–1932 Mit dem Ausbruch der Weltwirtschaftskrise 1929 verschärfen sich die sozialen und politischen Gegensätze. Bei den Reichstagswahlen am 6. November 1932 geben 25,9 Prozent der Berliner der NSDAP ihre Stimme.

1933 Ende Januar wird Adolf Hitler zum Reichskanzler ernannt. Am 27. Februar 1933 brennt der Reichstag 7, am 15. März wird wenige Kilometer nördlich von Berlin in Oranienburg-Sachsenhausen das erste Konzentrationslager errichtet. Neun Tage später folgt mit dem Ermächtigungsgesetz die nationalsozialistische Gleichschaltung Deutschlands. Der Boykott jüdischer Geschäfte beginnt. Auf dem Opernplatz (heute Bebelplatz) verbrennen die Nazis am 10. Mai die Bücher deutscher Dichter und Denker.

1936 Im Olympiastadion finden die 11. Olympischen Sommerspiele statt.

1938 Am 9. November gehen in der Reichspogromnacht die Berliner Synagogen in Flammen auf, jüdische Geschäfte werden geplündert und zerstört.

1939–1945 Mit dem Überfall des Dritten Reichs am 1. September 1939 auf Polen beginnt der Zweite Weltkrieg. Zu diesem Zeitpunkt hat Berlin mit 4.354.000 Menschen seine jemals höchste Einwohnerzahl erreicht. Ende Januar 1942 organisieren NS-Spitzen auf der Wannseekonferenz die „Endlösung der Judenfrage". Die Massendeportationen der Berliner Juden in die Konzentrations- und Vernichtungslager beginnt. Im Herbst 1943 setzt im „Battle of Berlin" die Bombardierung der Reichshauptstadt ein, die bis ins Frühjahr 1945 anhält. Am 2. Mai 1945 kapituliert das von der Roten Armee besetzte, zerstörte Berlin. Im Sommer teilen die Siegermächte auf der Potsdamer Konferenz Deutschland in vier Besatzungszonen und Berlin in vier Sektoren auf.

1948 Wenige Tage nach der Währungsreform im Juni in den drei deutschen Westzonen und drei Westsektoren Berlins führen die Sowjets in der Ostzone und Ostberlin die Ostmark ein und riegeln sämtliche Zufahrtswege nach Westberlin ab. Bis Mai 1949 wird die Westberliner Bevölkerung während der Blockade von den Westalliierten aus der Luft versorgt.

1949 Am 23. Mai erfolgt die Gründung der BRD mit Westberlin als einem Bundesland unter Vorbehalt durch die Alliierten; am 7. Oktober gründet sich die DDR mit Ostberlin als Hauptstadt.

1953 Der Aufstand am 17. Juni in Ostberlin wird durch sowjetisches Militär niedergeschlagen.

1958 Im „Berlin-Ultimatum“ fordert UdSSR-Ministerpräsident Chruschtschow die Umwandlung Westberlins in eine von BRD und DDR unabhängige „freie Stadt“.

1961 Am 8. August beginnt die DDR mit dem Bau der Mauer, die Westberlin bis auf wenige Übergänge hermetisch umschließt. Im Oktober stehen sich auf dem Höhepunkt des Kalten Kriegs am Checkpoint Charlie [50] in der Friedrichstraße amerikanische und sowjetische Panzer gegenüber.

1967 In Westberlin wird bei Protesten gegen den Besuch des Schahs von Persien der Student Benno Ohnesorg erschossen.

1968 In Westberlin wird der Anführer der Außerparlamentarischen Opposition, Rudi Dutschke, durch das Attentat eines Rechtsextremisten schwer verletzt.

1969 In Ostberlin wird am Alexanderplatz der Fernsehturm eingeweiht.

1971 Das „Viermächteabkommen“ bringt Erleichterungen im Transitverkehr von der BRD nach Westberlin sowie für die Einreise von Westberlin nach Ostberlin.

1976 Am Ort des 1950 gesprengten Stadtschlosses öffnet der Palast der Republik [36] als Tagungsort der DDR-Volkskammer.

1987 In beiden „Berlins“ finden 750-Jahr-Feiern statt.

1989 Nach Wahlfälschung durch die SED bei der Kommunalwahl im Spätfrühling kommt es in Ostberlin verstärkt zu Protesten. Ungarn reißt seine Grenzzäune nieder. Die DDR-Bürger stimmen mit den Füßen ab, viele verlassen ihr Land. Elf Tage nach den Feierlichkeiten zum 40. Jahrestag der DDR am 7. Oktober tritt Staatsoberhaupt Erich Honecker von allen Ämtern zurück. Am 9. November fällt die Berliner Mauer.

1990 Mit dem Beitritt der DDR in den Geltungsbereich des Grundgesetzes am 3. Oktober ist auch Berlin wiedervereinigt. Auf einer Gesamtfläche von 890 Quadratkilometern zählt die neue alte Hauptstadt von Deutschland 3,46 Millionen Einwohner.

1991 Der Bundestag beschließt mit hauchdünner Mehrheit, seinen Sitz nach Berlin zu verlegen.

1999 Mit der Wahl des Bundespräsidenten am 23. Mai nehmen Bundestag, Bundesregierung und Bundesrat in Berlin ihre Arbeit auf. Die Hauptstadt wird Regierungssitz.

2006 Zur Fußball-WM bei strahlendem Sonnenschein ist die ganze Welt zu Gast an der Spree.

2016 zählt Berlin erstmals über 31 Millionen Übernachtungen und behauptet damit seinen Platz in der ersten Liga der Tourismusmetropolen der Welt.

347be

Die Berliner Mauer

Rund 155 Kilometer war sie lang und bestand aus etwa 45.000 Betonelementen zwischen 3,60 und 4,10 Meter Höhe. Hinter der auf Westberliner Seite mit allerlei Malereien versehenen Vorlandmauer erstreckten sich auf der DDR-Seite die tödlichen Sperranlagen: der Todesstreifen mit Metallgitterzäunen, Signaldrähten und Beobachtungstürmen, ein ca. 10 Meter breiter Kontrollstreifen mit Hundelaufanlage, auf dem bewaffnete Grenzsoldaten in Jeeps patrouillierten, dahinter die zweite, kleinere Hinterlandmauer sowie ein gut 100 Meter breiter Sperrgürtel. So präsentierte sich der sogenannte „Antifaschistische Schutzwall“, den das DDR-Regime im August 1961 um die drei Westberliner Sektoren herum hatte hochziehen lassen. Damit wurde das letzte Schlupfloch versperrt, das bis 1961 knapp anderthalb Millionen DDR-Bürger zur Flucht über Westberlin in den Westen genutzt hatten.

Fortan waren die Westberliner eingemauert, wurden aber moralisch und finanziell von der BRD unterstützt. Schon ein gutes Jahrzehnt später spielte die Mauer keine besondere Rolle mehr. Die Tragödie war der Gewohnheit gewichen. Für die Menschen in der Hauptstadt der DDR war Westberlin zum weißen Fleck auf der Landkarte geworden, Ostberlin für die eingemauerten Westberliner zur Hauptstadt der belächelten „Täterä“, wie man die DDR nannte. Als üppig alimentierter Vorposten der freien Welt galt man infolge der einzigartigen Wohnsituation als Westberliner in aller Welt automatisch als Attraktion.

Dann gingen am 9. November 1989 nach 28 Jahren auf einmal die inner-

014be-kj

städtischen Grenzen auf und auch die Freude darüber war grenzenlos. „Wahnsinn" lautete das Wort der Stunde, als sich die Berliner von hüben und drüben in den Armen lagen. Ebenso rasch, wie die Mauer 1961 errichtet worden war, verschwand sie nun wieder. Kaum jemand dachte im Freudentaumel daran, wenigstens ein kleines Stückchen Mauer und Todesstreifen zur Erinnerung für die Nachwelt zu bewahren, um zu dokumentieren, wie unüberwindbar und tödlich dieses obszöne Bauwerk war. Gut 100 Meter denkmalgeschützte Vorlandmauer stehen noch in der Niederkirchnerstraße am Martin-Gropius-Bau 55. An der Spree in Friedrichshain sind noch 1300 Meter erhalten, die 1990 von Künstlern bemalte „Eastside Gallery" 109, ebenso an der Bernauer Straße an der Grenze zwischen den Stadtteilen Mitte und Wedding, wo 1998 die Gedenkstätte Berliner Mauer 65 eingeweiht wurde. Zusätzlich zeichnet im Stadtzentrum eine doppelläufige Kopfsteinpflasterreihe den ehemaligen Mauerverlauf nach. Damit dieser kaum fassbare Teil der Berliner Geschichte nicht in Vergessenheit gerät.

› *In unseren Karten wurde der **ehemalige Mauerverlauf** mittels einer ockerfarbenen gestrichelten Linie gekennzeichnet.*

Heute ist kaum noch vorstellbar, dass die Mauer Berlin bis 1989 in zwei Hälften teilte – hier an der Gedenkstätte Bernauer Straße

Leben in der Stadt

Hochkarätige Kulturmetropole, politische Schaltzentrale, flirrendes Szenemekka, Plattenbaumoloch, Park- und Gartenstadt. – Berlins Flair liegt nicht im Wohlproportionierten, Harmonischen, sondern im Eckigen, Kantigen, Widersprüchlichen. In der Bundeshauptstadt paaren sich Weltläufigkeit und Piefkes Gemütlichkeit, Berliner Schnauze und internationales Sprachengewirr, Multikulti und Laubenpieper, alte Pracht und neue Zweckmäßigkeit.

Hiesige, Auswärtige, Sonstige

Statistisch betrachtet ist Berlin eine alternde Stadt und entspricht damit dem gesellschaftlichen Trend. Die Altersgruppe der über 65-Jährigen ist laut Statistischem Jahrbuch mit 19,3 % Bevölkerungsanteil am stärksten vertreten. Die 25- bis 35-Jährigen schließen sich mit 17,1 % als zweitgrößte Gruppe an, rasch gefolgt von den 45- bis 55-Jährigen (15,3 %). Das jüngste Durchschnittsalter aller Bezirke, nämlich 36,7 Jahre, wird in Friedrichshain-Kreuzberg gezählt, wozu gleichermaßen existenzgründende Jungakademiker wie Migrantenfamilien beitragen.

Insgesamt leben über 600.000 **Mitbürger ohne deutschen Pass** aus 184 Ländern in der Bundeshauptstadt, das sind fast so viele Nationalitäten, wie die Welt Staaten hat. Jeder dritte Berliner hat darüber hinaus ausländische Wurzeln. Vielfalt und Multikulturalität gehören als elementare Bestandteile zur Spree-Metropole, und dies nicht erst seit heute. Berlin ist von jeher Einwanderungsstadt. Nach dem Toleranzedikt von Potsdam 1685 strömten protestantische Glaubensflüchtlinge aus halb Europa in die Mark: Böhmer, Holländer, Salzburger und Hugenotten aus Frankreich. Um 1700 war jeder fünfte Berliner Franzose. Im Zeitalter der Industrialisierung folgten deutsche und polnische Arbeitsmigranten aus Pommern, Ostpreußen, Schlesien. Vor den Pogromen in Osteuropa geflohene Juden und Emigranten im Zuge der Russischen Revolution ließen sich in der Spree-Metropole nieder. Während der deutschen Teilung wanderten nach Westberlin Südeuropäer, Kurden, Palästinenser und vor allem Türken und Schwaben ein, in Ostberlin kamen Thüringer, Vietnamesen, Angolaner und Sachsen dazu.

Seit Anbruch des 3. Jahrtausends entdecken nun immer mehr **junge Kulturschaffende** aus aller Welt – Musiker, Schriftsteller, bildende Künstler, Modemacher, Theater- und Filmleute – die inspirierende Atmosphäre in Spree-Athen. Es locken die lebhafte Galerie-Klub-Bar-Kneipen-Szene, das viele Grün inmitten der Großstadt und ganz besonders die im internationalen Metropolenvergleich immer noch erschwinglichen Mieten. Vor allem aus Nordamerika und dem europäischen Ausland zieht es Studenten, junge Künstler und Kreative in die Stadt, und sie lassen sich am liebsten – wer hätte das gedacht? – im Prenzlauer Berg, in Charlottenburg, Mitte oder Friedrichshain-Kreuzberg nieder.

Alles in allem gibt es in Berlin also ziemlich viele Berliner: gebürtige Berliner, echte Berliner, Neuberliner, Wahlberliner, Berliner mit und ohne Wahlrecht, Gast-Berliner, Besucher-Berliner – genau so, wie sie Wilhelm Lehmann schon 1968 in seiner Charakterstudie mit dem mutigen Titel „Die schrecklichen Berliner“ kurz und bündig beschreibt: Geborene, Gestorbene, Hiesige, Auswärtige, Sonstige.

Arm, aber sexy

Mit knapp 60 Mrd. Euro steht die Stadt in der Kreide. Dabei ist manches dieser **Finanzmisere** hausgemacht, anderes eine Folge des umwälzenden Strukturwandels, den

348be-kj

Berlin nach der Wiedervereinigung durchlaufen hat. Kaum irgendwo wirkte er mit größerer Wucht – nämlich gleich doppelt – als in der „Werkstatt der Einheit“, wie die Politiker die neue gesamtdeutsche Hauptstadt in ihren Sonntagsreden gerne nannten.

War Berlin vor dem Zweiten Weltkrieg eine der größten deutschen Industriemetropolen und Ostberlin später das bedeutendste Industriezentrum der DDR, so erwischte es **nach der Wiedervereinigung** vor allem das verarbeitende Gewerbe. Ein drastischer Abbau von Produktionskapazitäten, Fabrikstilllegungen und Massenentlassungen prägten die Nachwendejahre. Nach nur einem Jahrzehnt waren in der östlichen Stadthälfte von vormals 187.000 Industriearbeitsplätzen keine 40.000 mehr übrig geblieben.

Westberlin blieb ebenfalls nicht verschont. Infolge der unsicheren Insellage inmitten der DDR waren die großen Produktionsbetriebe nach Westdeutschland abgewandert. Die Bundesregierungen begegneten dem mit Steuervorteilen für Westberliner Unternehmen und Beschäftigte. Ein letztes Mal flossen die Bonner Subventionen im Jahr 1990: 13 Mrd. Mark Bundeshilfe und 9 Mrd. Mark **Berlinförderung**. Danach drehte man quasi über Nacht den Geldhahn zu und folgerichtig verlagerten viele in Westberlin produzierenden Firmen ihre Arbeit in günstigere europäische Regionen oder wanderten auch nur zu den neuen Fördertöpfen nach Ostberlin oder ins brandenburgische Umland ab.

So halbierte sich zwischen 1991 und 2001 die Zahl der Beschäftigten im verarbeitenden Gewerbe. Dazu gesellte sich ein massiver Stellenabbau im öffentlichen Dienst, in Behörden und Ämtern. Im Jahr 2007 hatte die durchschnittliche **Erwerbslosenquote** mit 18 Prozent ihren Höhepunkt erreicht. Mit über 270.000 Arbeitslosengeld-II-Beziehern zählt Berlin heute so viele Hartz-IV-ler, wie andere deutsche Großstädte Einwohner haben. Jedes dritte Berliner Kind lebt in Armut.

224be-kj

So fließt das Gros des Landeshaushalts denn auch in die Sozialtransfers. Gleichzeitig war angesichts des gigantischen Schuldenbergs lange Zeit **„Sparen bis es quietscht“** angesagt, wie es der ehemalige Regierende Bürgermeister Klaus Wowereit einmal formulierte. Dies bekamen besonders schmerzlich die Bezirke zu spüren, die die bürgernahen Dienstleistungen erbringen und wegen der jahrelangen personellen und finanziellen Auszehrung ihren Aufgaben inzwischen teils nicht mehr nachkommen können.

Menschen aus über 180 Ländern leben in der Bundeshauptstadt

Berlin ist immer für spannende Begegnungen gut

Nun aber die guten Nachrichten: Die Trendwende ist geschafft. Berlins Wirtschaft brummt wieder und entwickelte sich 2016/2017 sogar zur deutschen **Wachstumslokomotive.** Drei „Ts" wirft die Stadt als Kraftzentrum einer wissensbasierten Ökonomie dafür in die Waagschale: Talente, Technologie, Toleranz; das bedeutet Wissenschaft, kulturelle Vielfalt und kreative Menschen aus aller Welt. Allein Kunst, Kultur, Design und andere Unternehmen der Kreativwirtschaft sorgen jährlich für einen Umsatz von rund 23 Mrd. Euro. Bei Start-up-Niederlassungen landete die deutsche Hauptstadt 2017 auf Platz vier im weltweiten Vergleich von 85 Metropolen.

Als **Wissenschaftsstandort** kann Berlin ebenfalls punkten. Neben 11 staatlichen, 2 konfessionellen und rund 30 privaten Hochschulen mit über 200.000 Studenten arbeiten an der Spree rund 250 Forschungs- und Entwicklungsabteilungen. Weltweit führend sind Gesundheitswirtschaft und Medizintechnik, Verkehrssystem-, Informations- und Kommunikationstechnik, Bio- und Umwelttechnologie made in Berlin. Auch als **Medienstandort** bietet die Hauptstadt Superlative. Nirgends werden deutschlandweit mehr Rundfunk- und Fernsehsender gezählt. Mit knapp 400 Verlagen ist Berlin die zweitgrößte deutsche Verlagsmetropole.

Nicht weniger günstig verläuft die Entwicklung in den **Dienstleistungsbranchen.** Im bundesweiten Vergleich expandiert dieser Sektor überdurchschnittlich und macht zwischenzeitlich drei Viertel der gesamten Berliner Wertschöpfung aus. Nicht zu vergessen die zahlreichen Tätigkeitsfelder bei Verbänden und Institutionen im Windschatten der Bundesregierung. Und auch die zahllosen Fenster der neuen Bürotürme wollen geputzt werden.

Boomsektor und Jobmotor Nummer eins aber ist der **Tourismus.** Das Gastgewerbe brummt und setzt rund 280.000 Berliner in Lohn und Brot. Und hatte man bereits vor ein paar Jahren Rom vom dritten Platz auf der Beliebtheitsskala europäischer Städtereiseziele verdrängt, setzt man nun an, Paris den zweiten Rang streitig zu machen. Mit erstmals 31 Mio. Übernachtungen 2016 verzeichnete die Berliner Hotellerie gegenüber den Rekordjahren 2014 und 2015 eine abermalige Steigerung. Weitere 5 Mio. Übernachtungen entfielen auf Gäste, die in der Share-Ökonomie buchten. Ein gutes Geschäft für Vermieter, die normale Wohnungen zu Ferienwohnungen zweckentfremden und so dem Berliner Mietmarkt entziehen. Vor allem aber infolge des starken Zuzugs herrscht inzwischen **akute Wohnungsnot;** und während die Mieten in astronomische Höhen klettern, explodieren die Bodenpreise. Kaschemmen und Künstlerwerkstätten werden in Luxus-Lofts umgewandelt, die letzten Innenstadtbrachen hochpreisig bebaut. Auf der Suche nach bezahlbaren Ateliers verlassen die ersten Künstler die deutsche Hauptstadt. Junge Familien, die Platz für den Nachwuchs benötigen, ziehen ins brandenburgische Umland.

Indes reißt der Berlin-Boom nicht ab. Internet-Riesen wie Google und Zalando eröffnen ihre neuen Locations im Kreuzberger Kiez – ebendort, wo vor nicht allzu langer Zeit noch die ärmsten Berliner lebten. So wandelt sich einmal mehr das Bild von der Spree-Metropole. Und man darf gespannt sein, wohin die Reise noch geht.

PRAKTISCHE REISETIPPS

358be-kj

Anreise

Mit dem Flugzeug

Zahlreiche Fluggesellschaften steuern die Airports **Tegel** und **Schönefeld** an. Neben Letzterem wird im Südosten der Stadt der neue Großflughafen **Berlin-Brandenburg Willy Brandt (BER)** gebaut. Wann der BER eröffnen wird, ist zur Drucklegung dieses Reiseführers noch ungewiss. Zum Zeitpunkt seiner Eröffnung soll der Flughafen Tegel geschlossen werden. Zu den Flughäfen findet man Flugplanauskünfte, Service und Informationen unter Tel. 030 60911150 sowie im Netz unter www.berlin-airport.de.

Günstige Flüge nach Berlin bieten z. B. easyJet (www.easyjet.com) und Eurowings (www.eurowings.com) an.

Flughafen Schönefeld (SFX)

Verkehrsanbindung: Ab Bahnhof Berlin-Schönefeld Flughafen (ca. 500 m vom Flughafengebäude entfernt) fährt der Airport Express zweimal pro Stunde zum Bahnhof Zoo (über Ostbahnhof, Alexanderplatz, Friedrichstraße), außerdem verkehren die S-Bahn-Linien S9 und S45. Direkt vor dem Terminal starten der Expressbus X7 (via Rudow zur U-Bahn-Linie 7), die Buslinien 163 (via S-Bahnhöfe Grünau und Adlershof), 164 zum S-Bahnhof Adlershof und 171 (via Hermannplatz, Umsteigemöglichkeiten in die U-Bahn-Linie 7) sowie die Nachtbusse N60 (via S-Bahnhof Adlershof) und N7 (via U7 Rudow).

◁ *Vorseite: Das Reichstagsgebäude ist immer eine Besichtigung wert*

Flughafen Tegel (TXL)

Verkehrsanbindung: JetExpress-Bus TXL in die Stadtmitte bis Alexanderplatz, Expressbus X9 und Bus 109 nach Zoologischer Garten, Bus 128 nach U-Bahnhof Osloer Straße.

Mit dem Zug

Die an und für sich recht teure Zugfahrkarte der Deutschen Bahn vergünstigen verschiedene Angebote, beispielsweise die BahnCard 25 und BahnCard 50 oder der Sparpreis, mit dem man die einfache Fahrt durch ganz Deutschland ab 29 € (2. Klasse) bzw. 39 € (1. Klasse) antreten kann, außerhalb der Hauptreisezeiten sogar ab 19 € (2. Klasse) bzw. 29 € (1. Klasse). Wer die BahnCard 25 oder 50 besitzt, erhält auf den Sparpreis darüber hinaus 25% Rabatt.

Auskünfte erhält man in den örtlichen DB-Reisezentren, über die kostenlose automatische Fahrplanauskunft der Deutschen Bahn, Tel. 0180 6996633, und unter www.bahn.de.

Mit dem Auto

Bei der Anfahrt sollte man den **Berufsverkehr** zwischen 7.30 und 9 Uhr sowie 15 und 17.30 Uhr meiden. Ebenso wenig empfiehlt sich eine Fahrt freitags ab frühem Nachmittag aus der Stadt hinaus, denn dann fliegen die Berliner „in't Jrüne" aus, und andersherum ab spätem Sonntagnachmittag zurück in die City.

In der ganzen Innenstadt zwischen Ku'damm und Alex sind **Parkplätze teuer und knapp.** Für eine Stunde muss man je nach Parkzone 1 bis 3 Euro in die Parkuhr werfen. In den Innenstadtbezirken herrscht außerdem ein **Fahrverbot für Autos ohne Umweltplakette.**

Umweltplakette

Zum Schutz der Anwohner vor Feinstaub und Stickoxiden ist die ***gesamte Berliner Innenstadt Umweltzone.*** *Das bedeutet: Pkw, Busse und Lkw ohne Umweltplakette müssen draußen bleiben, und zwar aus dem gesamten Gebiet im inneren S-Bahn-Ring.*

Hinein darf, wer eine ***grüne Umweltplakette*** *erworben und gut sichtbar auf die Frontscheibe geklebt hat. Maßgeblich für die Zuordnung in eine Schadstoffgruppe ist der Emissionsschlüssel, der im Fahrzeugschein angegeben ist. Die Plaketten sind gegen Vorlage des Kfz-Scheins bundesweit gegen eine geringe Gebühr beim* ***TÜV,*** *der* ***DEKRA,*** *den* ***Zulassungsstellen*** *sowie in allen Autowerkstätten erhältlich, die Abgasuntersuchungen durchführen.*

Wer ohne Plakette in der Umweltzone erwischt wird, zahlt 40 Euro Bußgeld und bekommt einen Punkt in der Flensburger Verkehrssünderkartei.

Weitere Auskünfte findet man unter: www.berlin.de/umweltzone.

P145 [N4] **Parkplatz Alexa,** 1600 Plätze
P146 [I4] **Parkplatz Hauptbahnhof,** 860 Plätze
P147 [J6] **Parkplatz Potsdamer Platz/ Reichpietschufer,** 2500 Plätze

Mit dem Bus

Fernlinienbusse sind sehr preisgünstig, die Fahrt dauert etwas länger als mit dem Zug. Start- und Zielbahnpunkte der Fernbusse sind der Alexanderplatz 44, der Ostbahnhof [O6] sowie der ZOB am Messegelände unter dem Funkturm 101 (Masurenallee 4, Berlin-Charlottenburg).

Viele günstige Verbindungen nach und von Berlin in die ganze Welt unterhält **FlixBus** (www.flixbus.de).

Mitfahrzentralen

Gegen eine kleine Vermittlungsgebühr und eine Benzinkostenbeteiligung fährt man in einem Wagen mit demselben Reiseziel mit. Die Kostenbeteiligung richtet sich nach der Anzahl der Mitfahrer sowie der Entfernung und unterliegt einer verbindlichen Obergrenze.

› www.blablacar.de
› www.mf24.de

Barrierefreies Reisen

› Ausführliche Informationen über barrierefreie Einrichtungen in Berlin, zu Zugängen, Aufzügen, technischen und Orientierungshilfen in öffentlichen und privaten Einrichtungen, Sehenswürdigkeiten, Museen, Restaurants, Unterkünften u. v. m. finden sich in der Datenbank: www.mobidat.net.
› Ebenfalls im Internet findet man unter www.bvg.de (Menü: Service/Mobilitätshilfen) **Mobilitätsinformationen zum Öffentlichen Nahverkehr** sowie den aktuellen Streckenplan der Berliner Verkehrsbetriebe (BVG) mit allen S- und U-Bahnhöfen, die über Rampen und Aufzüge verfügen.
› Rollstuhlvermietung und Rollstuhlpannendienst (24-Stunden-Service) firmieren in Berlin unter Tel. 0177 8335773, www.rpd.berlin.

Diplomatische Vertretungen

- **Österreichische Botschaft,** Stauffenbergstraße 1, 10785 Berlin-Tiergarten, Tel. 030 202870, www.bmeia.gv.at/oeb-berlin
- **Schweizer Botschaft,** Otto-von-Bismarck-Allee 4a, 10557 Berlin-Tiergarten, Tel. 030 3904000, www.eda.admin.ch/berlin

Fahrradfahren

Das Berliner Radwegenetz ist vergleichsweise gut ausgebaut. Steigungen sind, wenn überhaupt vorhanden, leicht zu bewältigen, und so haben viele Berliner – auch wegen des alltäglichen Autostaus – ihre Motorkutsche gegen ein Rad getauscht.

Für Berlin-Gäste macht sich ein immer größeres Angebot an **Sharing-Bikes** breit, seien es Lidl-Bikes, Nextbikes oder oBikes. Überall in den Innenbezirken stehen die schlichten Leihräder, meist ohne vernünftige Gangschaltung und mit Vollgummireifen parat. Die Ausleihe erfolgt nach Registrierung über die entsprechende App auf dem Handy, einfach und preisgünstig. Dabei werden Kundendaten gesammelt, die möglicherweise viel lukrativer sind als das Verleih-Geschäft.

Ein bewährter seriöser Verleiher an zentralen Orten in den Innenbezirken ist die **Fahrradstation**. Von Mai bis September werden außerdem täglich **geführte Fahrrad-Sightseeingtouren angeboten** (April und Oktober am Wochenende).

- **Fahrradstation:** Dorotheenstraße 30, Berlin-Mitte (S und U6 Friedrichstraße), Tel. 0180 5108000, www.fahrradstation.de (Infos u. Reservierung), März–Okt. Mo.–Fr. 10–19.30, Sa. 10–18 Uhr, im Winter Mo.–Fr. 10–19, Sa. 10–16 Uhr

Weitere Fahrradstationen befinden sich hier:

- Auguststraße 29a (Mitte, U8 Weinmeisterstraße)
- Bergmannstraße 9 (Kreuzberg, U7 Gneisenaustraße)
- Goethestraße 46 (Charlottenburg, U2, U7 Bismarckstraße)

349be-kj

Informationsquellen

visitBerlin

visitBerlin ist Ansprechpartner für fast alle touristischen Belange. Sie unterhält die Touristinformationen, gibt Broschüren und Stadtpläne heraus, vermittelt Hotels und Pensionen, Gästeführer und Tickets u. v. m.

› Allgemeine Infos sowie Ticket- und Hotelreservierung: Tel. 030 25002333, Mo.–Fr. 9–18 Uhr; Onlinereservierung und Infos zu Berlin unter www.visitberlin.de

Berlin Tourist Info

In einem Meer von Flyern, Prospekten, Veranstaltungsbroschüren und Berlin-Souvenirs halten die Touristeninformationen von **visitBerlin** allgemeine touristische Informationen, Stadtpläne und viele nützliche Tipps parat. Wie die visitBerlin-Zentrale vermitteln sie Zimmer, reservieren Karten für Konzerte, Theater, Events, Rundfahrten und vieles andere.

ⓘ148 [J5] **Berlin Tourist Info im Brandenburger Tor,** Pariser Platz (südliches Torhaus), April–Okt. tgl. 9.30–19 Uhr, Nov.–März bis 18 Uhr (S1, S2, U55 Brandenburger Tor)

› **Berlin Tourist Info im Flughafen Tegel,** am Gate 1, tgl. 7–22 Uhr

ⓘ149 [I4] **Berlin Tourist Info im Hauptbahnhof,** Eingang Europaplatz, im Erdgeschoss, tgl. 8–22 Uhr (S Hauptbahnhof)

ⓘ150 [F7] **Berlin Tourist Info Europa-Center,** Tauentzienstraße 9 (im Erdgeschoss), Mo.–Sa. 10–20 Uhr (S und U2, U9 Zoologischer Garten, U1 Kurfürstendamm oder Wittenbergplatz)

◁ *Mit Pedalkraft entschleunigt auf Berliner Wegen*

ⓘ151 [M4] **Berlin Tourist Info im Park Inn Alexanderplatz,** Alexanderplatz 7 (in der Hotellobby), Mo.–Sa. 7–21 Uhr, So. 8–18 Uhr

ⓘ152 [A6] **Berlin Tourist Info am Zentralen Omnibusbahnhof,** Masurenallee 4–6, Mo./Fr./Sa. 8–20 Uhr, Di.–Do. und So. 8–16 Uhr

Berlin im Internet

› **www.visitberlin.de:** Die Seiten von visitBerlin mit Reiseführer und Fotomappe, Tipps für Kids, Familien, Senioren und zahlreiche Special-Interest-Gruppen, Onlinebuchung von Tickets und Unterkünften u. v. m.

› **www.berlin.de:** Die offizielle Hauptstadtadresse mit umfassenden Berlin-Infos für Touristen, zu Kultur, Events, Projekten und aktuellen Veranstaltungen.

› **www.berlinonline.de:** Berlin-Guide mit Aktuellem aus der Spree-Metropole, Programmservice mit dem Neusten zu Kino und Konzerten, Kunst und Kultur, Einkaufen und Ausgehen.

› **www.zitty.de und www.tip-berlin.de:** Die Online-Auftritte der wichtigsten Berliner **Stadtmagazine** umfassen u. a. alle aktuellen Veranstaltungshinweise.

Berlin-Apps

› **BVG FahrInfo Plus:** App der Berliner Verkehrsgesellschaft (BVG) mit Fahrplänen, Verspätungsalarm, Baustelleninfos, Routenplaner u. v. m. (kostenlos für iOS und Android).

EXTRAINFO

WLAN

Eine Übersicht nicht-kommerzieller Einwahlpunkte ins Internet bieten die Websites www.berlin.de/stadtplan/w-lan-hotspots und https://berlin.freifunk.net/network/map

307be-kj

Am Christopher Street Day ist die Regenbogenfahne allgegenwärtig

- **Die Berliner Mauer:** preisgekrönte App über den Mauerverlauf, angereichert mit historischen Filmen, Fotos und Tonaufnahmen (kostenlos für Android und iOS)
- **Going Local Berlin:** Abseits der üblichen touristischen Pfade bietet die App der Berliner Tourismus GmbH (visitBerlin) Tipps für Ausflüge in die 12 Bezirke und ihre Kieze (kostenlos für iOS und Android).
- **komoot Bike Berlin:** Damit lässt sich die Spree-Metropole gut erradeln. Man erfährt etwas über die Sehenswürdigkeiten am Wegesrand ebenso wie Wissenswertes zum Straßenprofil (kostenlos für eine Region, für iOS und Android).
- **accessBerlin App:** Die Hauptstadt auf ausgesuchten Routen barrierefrei entdecken, zu Wasser, zu Land und von den schönsten Aussichtspunkten herab (kostenlos für iOS und Android).

Infos für LGBT+

Berlin ist eine der größten Metropolen für Homosexuelle in Europa. Spannende Kieze zum Ausgehen sind traditionell die Kreuzberger Oranienstraße 111 mit dem „SO 36“ (s. S. 99) im Zentrum, im Prenzlauer Berg das Viertel zwischen den U-Bahnhöfen Eberswalder Straße und Schönhauser Allee [nördlich von M1/M2] sowie besonders für Männer das „Rosa Dreieck“ in Schöneberg zwischen Nollendorfplatz, Fuggerstraße, Motzstraße und südlich vom Kleistpark [H8].

Nützliche Informationen

- ***LGBTI*-Guide:*** *Der Queerguide von visitBerlin erscheint online unter www.visitberlin.de/de/lgbti-gay-berlin und listet Hotels, Bars, Cafés, Restaurants, Partys, Shoppingtipps und LGBTI*-Events auf sowie Kino-, Kultur-, Ausgehtipps, Kiez-Infos und praktische Hinweise.*
- ***Siegessäule:*** *Das Magazin erscheint monatlich mit zahlreichen Szenetipps und einem Überblick über alle Programmadressen, zu kaufen in Cafés, Kneipen, Klubs, Kiosken und außerdem einsehbar unter www.siegessaeule.de.*

Unterkunft

- ***ebab (enjoy bed&breakfast):*** *Zimmervermittlung für Lesben, Schwule und Freunde, https://de.ebab.com*
- ***pink pillow Berlin Collection:*** *Unter diesem Siegel firmieren queerfreundliche Hotels, siehe www.visitberlin.de (Menü: Hotels & Reiseangebote/LGBTI*-Hotels).*
- ***Frauenhotel Artemisia*** *(s. S. 135): schönes Hotel in Ku'damm-Nähe*

Mit Kindern unterwegs

Lärmende Millionenmetropole, Asphaltdschungel und Kinder müssen kein Widerspruch sein. So haben die meisten kleinen Stadtindianer großen Spaß auf den Sightseeingtouren mit dem „100er"-Bus (s. S. 133) oder den Wassertaxis (s. S. 134), beim Zoo- oder Tierparkbummel.

Eine Stadt nur für Kinder auf 13.000 Quadratmetern ist das **FEZ in der Wuhlheide.** Badesee, Schwimm- und Sporthalle, Theater- und Konzertsäle, Kunstlabor, Kindermuseum, Kino und zahlreiche Spielplätze sowie ein buntes Mitmachangebot, nicht zu vergessen die Parkeisenbahn, laden zu Spiel, Spaß und Freizeitvergnügen ein.

•153 **FEZ,** Straße zum FEZ 2, Berlin-Köpenick (S3 Wuhlheide),Tel. 530710, www.fez-berlin.de, zu Schulzeiten: Mo.–Fr. 8.30–17 Uhr, Sa./So. 12–18 Uhr; in den Sommerferien Mo.–Fr. 10–17 Uhr, Sa./So. 12–18 Uhr; in den Herbst-, Winter- und Osterferien Mo.–Fr. 10–18 Uhr, Sa/So. 12–18 Uhr, Eintritt frei

Mini-Berlin mit Brandenburger Tor, Reichstag und Dom und vieles mehr aus Millionen von kleinen Legosteinchen zeigt auf 3500 Quadratmetern das **Legoland Discovery Center** im Sony Center 81 am Potsdamer Platz.

Tierisch geht es im **Zoo Berlin** 91 mitten im Stadtzentrum zu und außerdem östlich im **Tierpark Berlin** im Bezirk Lichtenberg, Europas größtem Landschaftstiergarten.

•154 **Tierpark Berlin,** Am Tierpark 5, Berlin-Lichtenberg (U5 Tierpark), Tel. 515310, www.tierpark-berlin.de, April–Sept. tgl. 9–18.30, März/Okt. tgl. 9–18, im Winter tgl. 9–16.30 Uhr, Eintritt 13 €, erm. 9 €, bis 15 Jahre 6,50 €

Kindertheater mit Puppen und Marionetten führen u.a. das Theater Mirakulum und das Puppentheater auf. Im Zaubertheater hopsen die Häschen aus dem Umhang des Magiers hervor, Tauben fliegen aus dem Zylinder und manchmal sogar die Kids in die Luft.

155 [C4] **Puppentheater Berlin,** Gierkeplatz 2, Berlin-Charlottenburg (U7 Richard-Wagner-Platz), Tel. 3421950, www.puppentheater-berlin.de

156 [L2] **Theater Mirakulum,** Brunnenstraße 35, Berlin-Mitte (U8 Bernauer Straße oder Rosenthaler Platz), Tel. 4490820, www.mirakulum.de

037be-kj

Die Tierparks in Berlin sind für Kinder genau das Richtige

157 [C7] **Zaubertheater Igor Jedlin,** Roscherstraße 7, Berlin-Charlottenburg (U7 Adenauerplatz, Bus M19, M29 Lehniner Platz), www.zaubertheater.de, Tel. 3238822

Notfälle

- **Apotheken-Notdienst:** www.akberlin.de
- **Ärztlicher Bereitschaftsdienst:** Tel. 310031
- **Berliner Krisendienst:** Tel. 3906300
- **Feuerwehr/Rettungsdienst:** Tel. 112
- **Maestro-/EC-, Kreditkarte oder SIM-Karte sperren:** Tel. 116116, Infos: www.sperr-notruf.de und www.kartensicherheit.de. Diese zentrale Sperrnummer gilt nur für deutsche Karten. Besitzer österreichischer oder Schweizer Karten sollten sich vor der Reise über den jeweiligen Sperrnotruf informieren. **Achtung:** Mit der telefonischen Sperrung sind die Karten zwar für die Bezahlung/Geldabhebung mit der PIN gesperrt, nicht jedoch für das Lastschriftverfahren mit Unterschrift. Man sollte daher auf jeden Fall den Verlust zusätzlich bei der Polizei zur Anzeige bringen, um gegebenenfalls auftretende Ansprüche zurückweisen zu können.
- **Polizei/Notruf:** Tel. 110
- **Pannenhilfe (ADAC):** Tel. 0180 2222222
- **Pannenhilfe (ACE):** Tel. 0711 530343536
- **Telefonseelsorge (kirchlich):** Tel. 0800 1110222, 0800 1110111
- **Zahnärztlicher Notdienst:** Tel. 89004333

Fundbüros

- **Zentrales Fundbüro,** Platz der Luftbrücke 6, Berlin-Tempelhof (U6 Platz der Luftbrücke), Tel. 902773101, Mo.,Di. und Fr. 9–14, Do. 13–18 Uhr
- **BVG-Fundbüro,** Potsdamer Straße 180, Berlin-Schöneberg (U7 Kleistpark), Tel. 19449, Mo./Di./Do. 9–18, Fr. 9–14 Uhr
- **Fundbüro der Deutschen Bahn** (auch für S-Bahnen), Döppersberg 37, 42103 Wuppertal, Tel. 0900 1990599, www.fundservice.bahn.de

Stadtrundfahrten und Führungen

Mit dem Bus auf Stadtrundfahrt

Klassische Bustouren mit Stadtbilderklärung dauern in der Regel zwei Stunden, kosten je nach Route zwischen 14 und 30 € für Erwachsene und die Hälfte für Kinder. Kids unter sieben Jahren fahren kostenlos mit. Sind die Busse mit einem „City-Circle-Tour"-Logo gekennzeichnet, besteht bei allen angefahrenen Sehenswürdigkeiten die Möglichkeit zum Aussteigen und späteren Wiederzusteigen.

- **City Circle Sightseeing,** tgl. 10–18, Fr./Sa. 10–19 Uhr (im Winter tgl. 10–17 Uhr) im 10-Min.-Takt; **„City Circle Yellow"** zwischen Kurfürstendamm 220/Meinekestraße (U1, U9 Kurfürstendamm) und Berliner Dom (Bus TXL 100, 200), über Potsdamer Platz, Brandenburger Tor und Schloss Charlottenburg, Erw. 20 €, Kinder 10 €; **„City Circle Purple"** zwischen Alexanderplatz (S u. U2, U5, U8 Alexanderplatz) und Karl-Marx-Allee (U5 Frankfurter Tor), über Prenzlauer Berg und Friedrichshain-Kreuzberg, Erw. 14 €, Kinder 7 €; die **„BigTicTour"** kombiniert beide Routen, Erw. 30 €, Kinder 15 €. Infos unter Tel. 35195255, https://sightseeing.de (BBS Sightseeing), Tel. 8804190, https://bex.de (Bex Busunternehmen), Tel. 6838910, https://bvb.net (BVB.net)

Mit dem Fahrrad

In der warmen Jahreszeit lässt sich Berlin besonders schön mit dem Drahtesel erkunden. Die Stadtführer der **Fahrradstation** lenken ihre Gäste abseits der ausgetretenen Pfade zu den Highlights im Großstadtdschungel an allen Verkehrsstaus vorbei.

› **Berlin by Bike,** Fahrradstation (s. S. 128) Dorotheenstr. 30 (am Bahnhof Friedrichstraße), www.fahrradstation.de, Tel. 0180 5108000, Mai–Sept. tägl., April/Okt. Fr.–So., Kostenpunkt: ab 18 € inkl. Leihrad

Mit dem Trabi

26 Pferdestärken, Viergang-Revolver-Handschaltung, wahlweise Standard-Stinkerchen, cooles Cabriolet oder zu besonderen Anlässen Stretch-Trabi – so geht es als Selbstfahrer im Konvoi auf **Trabi-Safari** durch das Berliner Stadtzentrum (1 Std. 15 Min.) oder dem ehemaligen Mauerverlauf folgend quer durch die Stadt (2 Std. 15 Min.). Bis zu 30 km/h werden dabei erreicht! Vorneweg knattert der City-Guide, dessen Erläuterung man über Lautsprecher im Wagen empfängt.

› **Trabi-Safari,** ab Ballongarten an der Wilhelmstraße/Ecke Zimmerstraße (S1, S2, U2 Potsdamer Platz oder U6 Kochstraße), Tagesfahrten 10–18 Uhr (Nachtfahrten auf Anfrage), Voranmeldung nötig, Tel. 30201030, www.trabi-safari.de. Angeboten werden die Touren „Berlin Compact“: 1 Std. 15 Min. an allen bedeutenden Sehenswürdigkeiten im Herzen Berlins vorbei (49 € p. P.) und Berlin XXL: 2 Std. 15 Min. am ehemaligen Mauerstreifen entlang vom Reichstag durch Mitte nach Prenzlauer Berg und über Friedrichshain-Kreuzberg und Potsdamer Platz in den alten Westen (79 € p. P.). Personen bis 17 Jahre fahren kostenlos mit.

Auf dem Wasser

Hunderte Wasserkilometer durchziehen Berlin. Was also böte sich besser an, als einmal die Perspektive zu wechseln und in der schönen Jahreszeit die Hauptstadt vom Wasser aus

EXTRATIPP

Mit den Doppeldeckerbussen Linie 100 und 200 Berlin entdecken

Einen tollen Einstieg in die Stadt bieten die **Buslinien 100 und 200.** Sie starten beide am Bahnhof Zoologischer Garten, passieren die Kaiser-Wilhelm-Gedächtniskirche, das Europa-Center und das Elefantentor am Zoo, danach trennen sich für eine kurze Zeit ihre Wege.

Die **Linie 100** hält nach einem Schlenker über die Kurfürstenstraße Kurs durch den Tiergarten Richtung Siegessäule, zieht am Schloss Bellevue vorbei, um schließlich am Reichstag und Brandenburger Tor vorzufahren. Es folgt die Straße Unter den Linden mit all ihren Sehenswürdigkeiten, bevor sich im Herzen Berlins die Museumsinsel ausdehnt. Den Berliner Dom hinter sich lassend, steuert der Bus mit Blick auf Marienkirche, Rotes Rathaus und Fernsehturm schließlich den Alexanderplatz an.

Die **Linie 200** biegt nach dem Elefantentor zum südlichen Tiergartenrand ab, passiert dabei Botschaftsviertel, Kulturforum, Philharmonie und Potsdamer Platz, schwenkt von dort über die Leipziger Straße in die Wilhelmstraße ein, um im Anschluss denselben Weg wie die Linie 100 über die Linden zum Alex zu nehmen.

Übrigens: Den schönsten Ausblick hat man von den Sitzplätzen vorn auf dem Oberdeck aus.

EXTRATIPP

Thematische Führungen

Tiefer in einzelne Aspekte der Stadt einsteigen kann man auf themenspezifischen Spaziergängen, die beispielsweise das Kultur Büro oder StattReisen veranstalten: durch die historische Mitte, durch Zilles „Milljöh“ oder das jüdische Berlin, auf den Spuren von Brecht und Fontane oder der Hauptstadt der DDR, bei einer Wanderung auf dem alten Mauerstreifen entlang oder auf Führungen zu Kunst und Architektur.

- **Kultur Büro,** Tel. 4440936, www.stadtverfuehrung.de
- **StattReisen,** Tel. 4553028, www.stattreisenberlin.de

zu erleben? Klassische **Stadtkernfahrten** führen eine bis anderthalb Stunden durch die Mitte der Spree-Metropole. **Brückenfahrten** dauern drei bis vier Stunden und tragen einen auf Spree und Landwehrkanal quer durch das Stadtzentrum und drumherum. **Havelfahrten** kreuzen z.B. zwischen Spandau und Wannsee, Wannsee und Potsdam, Tegel und Müggelsee. Stadtkernfahrten kosten für Erwachsene um die 14 €, Brückenfahrten um die 22€, eine Havelfahrt je nach Strecke 7–24 €. Kinder zahlen in der Regel die Hälfte.

Stern und Kreisschifffahrt

- **Fahrplanauskunft:** Tel. 5363600, www.sternundkreis.de

Reederei Riedel

- **Fahrplanauskunft:** Tel. 67961470, www.reederei-riedel.de

Berliner Wassertaxi

- **Fahrplanauskunft:** Tel. 68580203, www.berlinerwassertaxi.de

Unterkunft

Alle in diesem Reiseführer empfohlenen Unterkünfte befinden sich – außer Campingplätze und einige Jugendherbergen – in zentraler Lage in der Innenstadt. Dabei können die Preise stark variieren. Wechselnde Wochenend-Arrangements und Preisnachlässe in der Nebensaison sind ebenso möglich wie Zuschläge in der Hochsaison. Ein persönlicher Preisvergleich mittels Telefon und/oder Internet kann sich also sehr lohnen. Wobei man unter „**Hochsaison**“ in Berlin nicht die Schulferien versteht, sondern die Hoch-Reisezeit zu internationalen Events und Terminen, wie beispielsweise der Berlinale und der Internationalen Tourismusbörse,

039be-kj

dem Karneval der Kulturen, dem Berlin Marathon oder auch einem Fußball-Pokalspiel. Vor allem zu solchen Großveranstaltungen empfiehlt es sich immer, sehr weit im Voraus zu buchen, um noch ein günstiges Plätzchen zu finden. Bei der Suche nach einer Unterkunft hilft die Service-Agentur visitBerlin (s. S. 129). Auch die offiziellen Internet-Seiten der Hauptstadt halten unter www.berlin.de, Stichwort „Tourismus/Hotels", zahlreiche Angebote zum Anschauen, Vergleichen und Reservieren parat.

Hotels

158 [N3] **ackselhaus/bluehome** €€€, Belforter Straße 21, 10405 Berlin-Prenzlauer Berg (U2 Senefelder Platz), Tel. 44337633, www.ackselhaus.de. **Apart im Prenzlauer Berg:** Im „ackselhaus" und dem zugehörigen „bluehome" zwei Häuser weiter gehen Gründerzeit, Kolonialstil und klare moderne Linie eine Synthese ein; wenige Schritte zum schicken Kollwitzplatz, 2 U-Bahn-Stationen zum Alexanderplatz.

159 [J4] **Arte Luise Kunsthotel** €€, Luisenstraße 19, 10117 Berlin-Mitte (S und U6 Friedrichstraße), Tel. 284480, www.luise-berlin.com. **Mit Liebe zur Kunst:** klassizistisches Stadtpalais von 1825 mit elegantem Erweiterungsbau von 2003 in Sichtweite von Reichstag und Spree, jedes Zimmer jeweils von einem anderen namhaften Künstler gestaltet. Günstigere Zimmer in der Mansarde mit Dusche/WC auf dem Gang.

Vom Wasser aus eröffnet sich eine spannende Sicht auf Berlin

EXTRAINFO

Buchungsportale

Neben Buchungsportalen für **Hotels** (z. B. www.booking.com, www.hrs.de oder www.trivago.de) bzw. für **Hostels** (z. B. www.hostelworld.de oder www.hostelbookers.de) gibt es auch Anbieter, bei denen man **private Wohnungen, Zimmer** oder auch nur einen Schlafplatz buchen kann. Diese Angebote sind oft illegal und entziehen dem Wohnungsmarkt dringend benötigten Wohnraum. Deshalb geht die Stadtverwaltung mit einem Zweckentfremdungsverbot und hohen Geldstrafen gegen diese Praxis vor.

160 [K3] **Boutique Hotel i31 Berlin Mitte** €€, Invalidenstraße 31, 10115 Berlin-Mitte (U6 Naturkundemuseum), Tel. 965357000, www.hotel-i31.de. **4-Sterne-Haus im eleganten Neubau:** zeitgenössischer cooler Stil, mit grünem Hofgarten zum Entspannen.

161 [L6] **COSMO Hotel** €€, Spittelmarkt 13, 10117 Berlin-Mitte (U2 Hausvogteiplatz), Tel. 58582222, www.cosmo-hotel.de. **Am Puls der Zeit:** fünf Minuten von der Museumsinsel entfernt, konsequent stylish im silbergrauen Design gehalten, sehr gepflegt, toller Service.

162 [D8] **Frauenhotel Artemisia** €€, Brandenburgische Straße 18, 10707 Berlin Wilmersdorf (U7 Konstanzer Straße), Tel. 8609320, www.frauenhotel-berlin.de. **Nur für Frauen:** schönes Mittelklassehotel in Ku'damm-Nähe.

163 [K3] **Honigmond** €€€, Tieckstraße 12, 10115 Berlin-Mitte (S1, S2 Nordbahnhof, U6 Naturkundemuseum), Tel. 2844550, www.honigmond.de. **Elegante Synthese aus Alt und Neu:** 1899 errichteter Altbau nahe Oranienburger

Preiskategorien
Die Preiskategorien stellen Annäherungswerte für den Preis eines Doppelzimmers pro Nacht dar.

€	40–80 €
€€	80–120 €
€€€	über 120 €

Tor, die Zimmer mit Stuck und Holzböden im charmanten Mix aus zeitgenössischer Eleganz, Sammlerstücken und Antiquitäten. Die Dependance „Garden Hotel" in einem denkmalgeschützten Haus von 1845 liegt ca. 250 m entfernt in der Invalidenstraße 112. Zur Dependance gehört ein lauschiger Garten.

164 [K4] **Hotel 38** €€, Oranienburger Straße 38, 10117 Berlin-Mitte (S Hackescher Markt). www.hotelas.com, Tel. 2822125. **Kühles Design, mitten im Geschehen, trotzdem ruhig:** Nahe Berliner Dom und Museumsinsel reiht sich hier ein Lokal an das andere.

165 [Q6] **Hotel Comenius Garni** €, Grünberger Straße 22, 10243 Berlin-Friedrichshain, Tel. 27571535, www.hotel-comenius-berlin-city.de. **Kiezig und bodenständig:** freundliche, adrette Unterkunft im Altbauhotel in Friedrichshain, nicht weit von der Eastside Gallery und der Oberbaumbrücke entfernt.

166 [L5] **Hotel de Rome** €€€, Behrenstraße 37, 10117 Berlin-Mitte (U6 Französische Straße, Bus TXT. 100, 200), Tel. 4606090, www.roccofortehotels.com. **Fünf Sterne vom Feinsten:** eines der edelsten Hotels, in bester Lage am Bebelplatz, luxuriös im historischen Dresdner-Bank-Gebäude, 1889 erbaut und 1949–1989 DDR-Staatsbank. Der alte Tresorraum ist Wellnessbereich, die ehemalige Kassenhalle ein Ballsaal und in der Vorstandsetage befinden sich vornehme Suiten; eine Augenweide.

167 [L8] **Hotel Johann** €€, Johanniterstr. 8, 10961 Berlin-Kreuzberg (U1, U6 Hallesches Tor, Bus M41), Tel. 2250740, www.hotel-johann-berlin.de. **Entspannt in Kreuzberg:** kleines, charmantes Hotel, gut geführt, zentral in Kreuzberg fast am Landwehrkanal in einer ruhigen, unspannenden Straße gelegen. Alles Sehenswerte und Angesagte liegt um die Ecke.

168 [F7] **Hotel Metropolitan Hansa** €, Schaperstraße 36, 10719 Berlin-Wilmersdorf (U3 Augsburger Straße oder U9 Spichernstraße), Tel. 030 23607470, www.metropolitanberlin.com. **Gutes Preis-Leistungs-Verhältnis:** komfortable Unterkunft zum erstaunlichen Preis, in einem Gründerzeithaus fünf Minuten Fußweg von Ku'damm und Zoologischer Garten entfernt in einer ruhigen Seitenstraße.

169 [M2] **Hotel Oderberger** €€€, Oderberger Straße 57, 10435 Berlin-Prenzlauer Berg (U2 Eberswalder Straße), Tel. 780089760, www.hotel-oderberger.de. **Industrial Style de Luxe im ehemaligen Stadtbad im Prenzlauer Berg:** 1898 nach Plänen des Architekten Ludwig Hoffmann eröffnet, ab 2012 saniert und 2016 neu eingeweiht. Den Hotelgästen stehen 70 Zimmer und die historische Schwimmhalle zur Verfügung.

170 [L4] **Monbijou Hotel** €€, Monbijouplatz 1, 10178 Berlin-Mitte (S Hackescher Markt), Tel. 61620300, www.monbijouhotel.com. **Prima Service im Herzen Berlins:** in bester Lage direkt am Hackeschen Markt, geschmackvolles Design, gediegen, zuvorkommender Service, sehr gutes Frühstücksbuffet.

171 [F6] **Motel One Berlin-Upper West** €-€€, Kantstraße 163–165, 10623 Berlin-Charlottenburg (S und U2, U9 Zoologischer Garten), Tel. 322931900, www.motel-one.com. **Logieren in Berlins jüngstem Skyscraper:** in prominenter Lage zwischen Kurfürstendamm und Zoologischem Garten.

172 [M3] **Pension Mädchenkammer**€, Lottumstraße 20, 10119 Berlin-Mitte (U2 Rosa-Luxemburg-Platz oder U8 Rosenthaler Platz), www.maedchenkammer.de, Tel. 22434633. **Einfach und preiswert:** Altbau in ruhiger Kopfsteinpflasterstraße im Kultkiez an der Grenze von Mitte zum Prenzlauer Berg. Die Zimmer sind zweckmäßig und modern, überwiegend mit Blick in den grünen Hinterhof. Frühstück gibt es in den zahlreichen Cafés rundherum, Tee, Kaffee und Wasserkocher stehen aber bereit.

Hostels und Jugendherbergen

173 [K4] **Baxpax Downtown Hostel**, Ziegelstr. 28, 10117 Berlin-Mitte (U6 Oranienburger Tor), Tel. 28390965, www.baxpax.de. Angenehmer Standard zu einem guten Preis in zentraler Lage, Rund-um-die-Uhr-Rezeption und Dachterrasse mit Blick über die Stadt. Unterschiedliche Preise je nach Jahreszeit und Bettenzahl im Zimmer.

174 [M2] **East Seven Berlin Hostel,** Schwedter Straße 7, 10119 Berlin-Prenzlauer Berg (U2 Senefelder Platz), Tel. 93622240, www.eastseven.de. Vergleichsweise kleines Haus, sanierter Altbau, mit Garten im Hof, nahe der Prenzlberger Kneipenmeile zwei U-Bahn-Stationen vom Alex. Die Preise variieren je nach Jahreszeit und Bettenzahl im Zimmer.

175 [L3] **The Circus Hostel,** Weinbergsweg 1a, 10119 Berlin-Mitte (U8 Rosenthaler Platz), Tel. 20003939, www.circus-berlin.de. 3-Bett-Zimmer ab 27 €, 4–5-Bett-Zimmer ab 23 €, 8–10-Bett-Zimmer ab 19 €, DZ mit Bad ab 75 € (ohne Bad ab 58 €). Frühstück extra.

Die Häuser des Deutschen Jugendherbergswerks (DJH) in Berlin, von denen zwei im Zentrum, die anderen am Stadtrand im Grünen liegen, betreibt der DJH-Landesverband Berlin-Brandenburg e.V. Sie sind meist belegt, weshalb sich eine frühzeitige Reservierung empfiehlt.

› Voraussetzung ist die Mitgliedschaft im DJH: **DJH Mitgliederservice,** Leonardo-da-Vinci-Weg 1, 32760 Detmold, Tel. 05231 74010, www.jugendherberge.de. Unter www.jugendherberge.de, Menü Jugendherbergen/Berlin findet sich der Auftritt aller Berliner Häuser.

176 **Jugendherberge Berlin-Ostkreuz,** Marktstraße 9–12, 10317 Berlin-Lichtenberg (S Ostkreuz), Tel. 20050920, Ü inkl. F 42 € (Einbettbelegung), 35 € (Zweibettbelegung), 29 € 3- bis 6-Bettbelegung. Mit 445 Betten Deutschlands größte Jugendherberge, im sanierten Altbau zentral am Ostkreuz an der Grenze von Lichtenberg nach Friedrichshain gelegen. Alle Zimmer sind mit Dusche/WC ausgestattet.

177 [I7] **Jugendherberge Berlin International,** Kluckstraße 3, 10785 Berlin-Tiergarten (U1 Kurfürstenstr., Bus M29), Tel. 747687910, Einzelgäste 6–26 Jahre 24 €, älter 28 €, Familienkind bis 2 Jahre frei, 3–5 Jahre 12 €.

178 **DJH-Jugendgästehaus am Wannsee,** Badeweg 1, 14129 Berlin-Zehlendorf (S1, S7 Nikolassee), Tel. 8032034, Einzelgäste bis 26 Jahre 24 €, älter 28 €, Familienkind bis 2 Jahre frei, 3–5 Jahre 12 €. Am Großen Wannsee im Südwesten Berlins, knapp 1 Std. mit der S-Bahn in die Innenstadt.

Campingplätze

Die Campingplätze liegen im Grünen, die Fahrt ins Zentrum dauert ca. eine bis anderthalb Stunden.

179 **Campingplatz am Krossinsee,** Wernsdorfer Straße 38, 12527 Berlin-Schmöckwitzwerder, Tel. 6758687, www.campingplatz-berlin.de. An der südöstlichen Stadtgrenze in schöner Kiefernheide am Seeufer, Ver-/Entsorgung für Wohnmobile, ganzjährig geöffnet.

⚠**180 Campingplatz Breitehorn,** Breitehornweg 40, 14089 Berlin-Spandau, www.berliner-camping-club.com, Tel. 3653408, mit kleinem Badestrand, April–Sept. geöffnet.

⚠**181 Campingplatz Gatow,** Kladower Damm 207–213, 14089 Berlin-Gatow, Tel. 3654340, www.dccberlin.de. Im Westen Berlins am Waldrand nahe der Havel, Ver-/Entsorgung für Wohnmobile, ganzjährig geöffnet.

⚠**182 Campingplatz Kladow,** Krampnitzer Weg 111–117, 14089 Berlin-Kladow, Tel. 3652797, www.dccberlin.de. Waldplatz im Südwesten der Stadt am Sacrower See, ganzjährig geöffnet.

Verkehrsmittel

Öffentlicher Personennahverkehr

Das öffentliche Berliner Verkehrsnetz ist feinmaschig. **S-Bahnen** fahren in der Regel im Zehn-Minuten-Takt morgens 4 Uhr bis nachts 1 Uhr, an Sonn- und Feiertagen im Zwanzig-Minuten-Takt.

U-Bahnen fahren ebenfalls zwischen morgens 4 Uhr und 1 Uhr nachts, in den Hauptverkehrszeiten meist alle dreieinhalb Minuten, sonn- und feiertags alle fünf bis zehn Minuten. Darüber hinaus sind sie, außer der Linie U4, Freitag- und Samstagnacht unterwegs.

Auf wichtigen Strecken ohne S- oder U-Bahn-Verbindung verkehren **Metrolinien von Bus und Tram.** Die mit einem „M“ gekennzeichneten Linien fahren täglich mindestens zwanzig Stunden im Zehn-Minuten-Takt, häufig auch öfter.

EXTRAINFO

Tickets entwerten!

Achtung! Grundsätzlich müssen alle Ticketvarianten **vor Antritt der ersten Fahrt** am Stempelautomaten **entwertet werden.** Die Entwerter befinden sich üblicherweise am Anfang und am Ende der Bahnsteige sowie in Tram und Bussen neben den Türen. Die Kontrolleure sind unerbittlich, sie betrachten eine nicht gestempelte Karte als ungültig und werten dies als Schwarzfahren (Bußgeld von 60 €).

Die schnellen **ExpressBus-Linien,** die an weniger Haltestellen als üblich stoppen, tragen die Kennzeichnung „X“; der **JetExpressBus** befördert seine Fahrgäste je nach Verkehrsdichte in zwanzig bis vierzig Minuten vom Alexanderplatz 44 zum Flughafen Tegel.

Die noch verbliebenen Lücken füllen zahlreiche weitere **Bus- und Straßenbahnlinien.** Über die Flüsse setzen **Fähren** der Berliner Verkehrsbetriebe (BVG) über.

Fahrkarten

Die **Tarifbereiche** im Großraum Berlin sind in drei Zonen untergliedert:

- **A:** Innerer S-Bahn-Ring, der die Innenstadtbezirke umschließt.
- **B:** Äußerer S-Bahn-Ring, der der Berliner Stadtgrenze folgt.
- **C:** Brandenburger Umland

Fahrkarten werden entweder am Automaten in den S- und U-Bahnhöfen oder der Tram gezogen, in den Kundenzentren der BVG und der S-Bahn erworben oder beim Schaffner (Bus, Fähre) gelöst. Vor der Fahrt muss die Karte unbedingt an einem Stempelautomat entwertet werden! **Kinder unter 6** fahren generell **kostenlos** mit.

Folgende Fahrausweise sind für Berlin-Besucher interessant (sämtliche Preisangaben entsprechen dem Stand bei Redaktionsschluss Frühjahr 2018, leichte Aufwärtsbewegungen einmal im Jahr sind nicht ungewöhnlich):

- **Einzelfahrkarte Kurzstrecke:** 1,70 €, erm. 1,30 € für drei S- bzw. U-Bahn-Stationen oder 6 Bus- bzw. Tramstationen
- **Einzelfahrkarte:** Tarifbereich A/B 2,80 €, erm. 1,70 €; B/C, 3,10 €, erm. 2,20 €; A/B/C 3,40 €, erm. 2,50 €. Das Ticket gilt 2 Stunden für eine Fahrt mit beliebig häufigem Umsteigen in Richtung Fahrziel.
- **Tageskarte:** Sie kann nach der Entwertung bis 3 Uhr des Folgetags für eine beliebige Anzahl von Fahrten genutzt werden. Tarifbereich A/B 7 €, erm. 4,70 €; B/C 7,40 €, erm. 5,10 €; A/B/C 7,70 €, erm. 5,30 €. Bis zu drei Kinder von 6 bis 14 Jahren fahren umsonst mit.
- **7-Tage-Karte:** Ab Entwertung gilt sie für sieben aufeinander folgende Tage. Ihre Gültigkeit endet am siebten Tag um 24 Uhr. Auf einem Ticket dürfen werktags ab 20 Uhr und sonntags ganztägig ein weiterer Erwachsener und bis zu drei Kinder bis 14 Jahre mitfahren. Kostenpunkt: A/B 30 €; B/C 31,40 €; A/B/C 37,50 €.
- **Kleingruppenkarte:** Bis zu fünf Personen können ab Entwertung bis zum Folgetag 3 Uhr die öffentlichen Verkehrsmittel beliebig oft benutzen. Tarifbereich A/B 19,90 €; B/C 20,60 €; A/B/C 20,80 €.

Wer es eilig hat, lässt in Berlin sein Auto besser stehen und steigt auf U- und S-Bahnen um

Infos und Verkaufsstellen

Verkaufs- und Informationsschalter der **Berliner Verkehrsbetriebe (BVG)** befinden sich in großen U-Bahn-Umsteigebahnhöfen. Servicepunkte für weitergehende Informationen, Fahrplan- und Tarifauskünfte unterhält die BVG in zentraler Lage im

- **Bahnhof Alexanderplatz,** im Zwischengeschoss am Aufgang zur U8, Mo.-Fr. 6.30-21.30 Uhr, Sa./So. 10-18 Uhr (S und U2, U5, U8 Alexanderplatz)
- **Bahnhof Zoologischer Garten,** westlich am U-Bahnsteig der Linie U2 Richtung Pankow, Mo.-Fr. 6.30-21.30 Uhr, Sa./So. 10-18 Uhr
- **Fahrplan- und Tarifauskünfte** erhält man außerdem rund um die Uhr unter der Telefonnummer 19449 und im Netz unter www.bvg.de.

Verkaufs- und Informationsschalter der **S-Bahn** in den S-Bahnhöfen:

- **Alexanderplatz,** Mo.-Fr. 6-21.30 Uhr, Sa. 7-20 Uhr, So. 10-19 Uhr (S und U2, U5, U8 Alexanderplatz)
- **Friedrichstraße,** Mo.-Fr. 8-20 Uhr, Sa./So. 9-18.30 Uhr (S und U6 Friedrichstr.)
- **Hauptbahnhof** (im 1. OG neben dem Treppenaufgang zu den Gleisen 15 und 16), Mo.-Sa. 7-22, So. 8-22 Uhr (S Hauptbahnhof)
- **Ostbahnhof,** Mo.-Fr. 8-20, Sa./So. 9-18.30 Uhr (S Ostbahnhof)
- **Fahrplan- und Tarifauskünfte** erhält man außerdem über die S-Bahn-Kundenhotline unter Tel. 29743333 und online unter www.s-bahn-berlin.de.

Taxi

Motordroschken dürfen die eigens für Radfahrer und den öffentlichen Personennahverkehr eingerichteten Busspuren mitbenutzen. Insofern gelangen sie zu Stau- und Stoßzeiten schneller ans Ziel als der motorisierte Individualverkehr.

Taxis werden einfach vom Straßenrand aus herangewunken oder tags und nachts vorbestellt unter folgenden Telefonnummern:

- **Funk Taxi Berlin,** Tel. 261026
- **Taxi Funk,** Tel. 443322
- **Würfelfunk,** Tel. 210101

EXTRATIPP

WelcomeCard

In den Touristeninformationen, an Automaten und in Verkaufsstellen der Berliner Verkehrsbetriebe (BVG) und der S-Bahn, in vielen großen Hotels sowie im Internet unter www.berlin-welcomecard.de erhalten Berlinbesucher die **WelcomeCard.**

Wahlweise zwei bis sechs Tage bietet das Gutscheinheft freie Fahrt mit allen Bussen und Bahnen des Verkehrsverbunds Berlin-Brandenburg (VBB) im Tarifbereich A/B (Innenstadtbezirke) bzw. A/B/C (ganz Berlin und S1 bis Potsdam HBF). Darüber hinaus ermöglicht die WelcomeCard Preisnachlässe bis zu fünfzig Prozent bei mehr als 200 touristischen und kulturellen Veranstaltungen und Unternehmungen wie Stadtrundfahrten, Führungen, Museen etc.

Im Tarifbereich A/B kostet sie für zwei Tage 19,90 €, für drei Tage 28,90 €, für vier Tage 33,50 €, für fünf Tage 36,90 € und für sechs Tage 42,50 €.

Im Tarifbereich A/B/C fallen für zwei Tage 22,90 € an, für drei Tage 30,90 €, für vier Tage 35,90 €, für fünf Tage 41,50 € und für sechs Tage 46,50 €.

Bis zu drei Kinder unter 14 Jahre können auf der WelcomeCard kostenlos mitfahren.

Mauerkunst an der berühmten Eastside Gallery 109

ANHANG

211be-kj

Die Autorin

Kristine Jaath (geb. 1962) ist Berlinerin aus Leidenschaft. 1981 zog sie in den damals noch eingemauerten Westteil der Stadt und lebt seitdem fast ununterbrochen am grünen Strand der Spree. Sie studierte Germanistik, Religionswissenschaften und Italienisch in Rom und Berlin, arbeitete anschließend mehrere Jahre bei einem öffentlich-rechtlichen Radiosender und widmet sich seit 1995 ausschließlich der Reiseschriftstellerei. Im Reise Know-How Verlag sind von ihr außerdem der Reiseführer „Polen – Ostseeküste und Masuren" und der CityTrip Plus „Berlin mit Potsdam" erschienen.

Schreiben Sie uns

Dieses Buch ist gespickt mit Adressen, Preisen, Tipps und Daten. Unsere Autoren recherchieren unentwegt und erstellen alle zwei Jahre eine komplette Aktualisierung, aber auf die Mithilfe von Reisenden können sie nicht verzichten. Darum: Teilen Sie uns bitte mit, was sich geändert hat oder was Sie neu entdeckt haben. Gut verwertbare Informationen belohnt der Verlag mit einem Sprachführer Ihrer Wahl aus der Reihe „Kauderwelsch".

Kommentare übermitteln Sie am einfachsten, indem Sie die Web-App zum Buch aufrufen (siehe Umschlag hinten) und die Kommentarfunktion bei den einzelnen auf der Karte angezeigten Örtlichkeiten oder den Link zu generellen Kommentaren nutzen. Wenn sich Ihre Informationen auf eine konkrete Stelle im Buch beziehen, würde die Seitenangabe uns die Arbeit sehr erleichtern. Unsere Kontaktdaten entnehmen Sie bitte dem Impressum.

Impressum

Kristine Jaath

CityTrip Berlin

9., neu bearbeitete und aktualisierte Auflage 2018

ISBN 978-3-8317-3092-6
Printed in Germany

Druck und Bindung:
Media-Print, Paderborn

Herausgeber: Klaus Werner
Layout: amundo media GmbH (Umschlag, Inhalt), Peter Rump (Umschlag)
Lektorat: amundo media GmbH
Karten: Ingenieurbüro B. Spachmüller, amundo media GmbH
Anzeigenvertrieb: KV Kommunalverlag GmbH & Co. KG, Alte Landstraße 23, 85521 Ottobrunn, Tel. 089 928096-0, info@kommunal-verlag.de
Kontakt: Osnabrücker Str. 79, 33649 Bielefeld, info@reise-know-how.de

Bildnachweis

Umschlagvorderseite: Dreamstime.com © Roberto Nencini | Umschlagklappe rechts: Kristine Jaath (die Autorin)
Soweit ihre Namen nicht vollständig am Bild vermerkt sind, stehen die Kürzel an den Abbildungen für die folgenden Fotografen, Firmen und Einrichtungen. Kristine Jaath: kj | Jan Gerbach: jg | fotolia.com by Adobe: fo | Nadja Werner: nw | Förderverein Berliner Schloss, eldaco, Berlin: fs

Register

310be Abb.: kj

Liste der Karteneinträge

Hier nicht aufgeführte Nummern liegen außerhalb der abgebildeten Karten. Ihre Lage kann aber wie die von allen Ortsmarken im Buch mithilfe der Web-App angezeigt werden (siehe rechts).

Berlin mit PC, Smartphone & Co.

QR-Code auf dem Umschlag scannen oder **www.reise-know-how.de/citytrip/berlin18** eingeben und die **kostenlose Web-App** aufrufen (Internetverbindung zur Nutzung nötig)!

★**Anzeige der Lage und Satellitenansicht aller** beschriebenen Sehenswürdigkeiten und weiteren Orte
★**Routenführung** vom aktuellen Standort zum gewünschten Ziel
★**Exakter Verlauf** der empfohlenen Stadtspaziergänge
★**Audiotrainer** der wichtigsten Wörter und Redewendungen
★**Updates** nach Redaktionsschluss

GPS-Daten zum Download

Auf der Produktseite dieses Titels unter www.reise-know-how.de stehen die GPS-Daten aller Ortsmarken als KML-Dateien zum Download zur Verfügung.

Stadtplan für mobile Geräte

Um den Stadtplan auf Smartphones und Tablets nutzen zu können, empfehlen wir die App „Avenza Maps" der Firma Avenza™. Der Stadtplan wird aus der App heraus geladen und kann dann mit vielen Zusatzfunktionen genutzt werden.

Die Web-App und der Zugriff auf diese über QR-Codes sind eine freiwillige, kostenlose Zusatzleistung des Verlages. Der Verlag behält sich vor, die Bereitstellung des Angebotes und die Möglichkeit der Nutzung zeitlich und inhaltlich zu beschränken. Der Verlag übernimmt keine Garantie für das Funktionieren der Seiten und keine Haftung für Schäden, die aus dem Gebrauch der Seiten resultieren. Es besteht ferner kein Anspruch auf eine unbefristete Bereitstellung der Seiten.

Zeichenerklärung

9	Hauptsehenswürdigkeit
[I4]	Verweis auf Planquadrat in Übersichtskarte und Faltplan
	Bar, Bistro, Treffpunkt
	Bibliothek
	Biergarten, Brauhaus, Strandbar
	Café, Eiscafé
	Denkmal
†	Friedhof
	Galerie
	Geschäft, Kaufhaus, Markt
	Hotel, Unterkunft
	Imbiss
	Informationsstelle
	Jugendherberge, Hostel
	Kirche
	Krankenhaus, Arzt
	Museum
	Musikszene, Disco
P	Parkplatz
	Polizei
	Restaurant
S	S-Bahn-Station
	Schwimmbad
★	Sehenswertes
●	Sonstiges
S	Sporteinrichtung
✡	Synagoge
	Theater, Zirkus
	Turm
U	U-Bahn-Station
	Vegetarisches Restaurant
	Weinstube
	ehem. Mauerverlauf
	Mauerreste
– –	Stadtbezirksgrenze
	Spaziergänge (s. S. 12, S. 14, S. 15 und S. 17)
	Shoppingareale
	Gastro- und Nightlife-Areale

Berlin Stadtgebiet

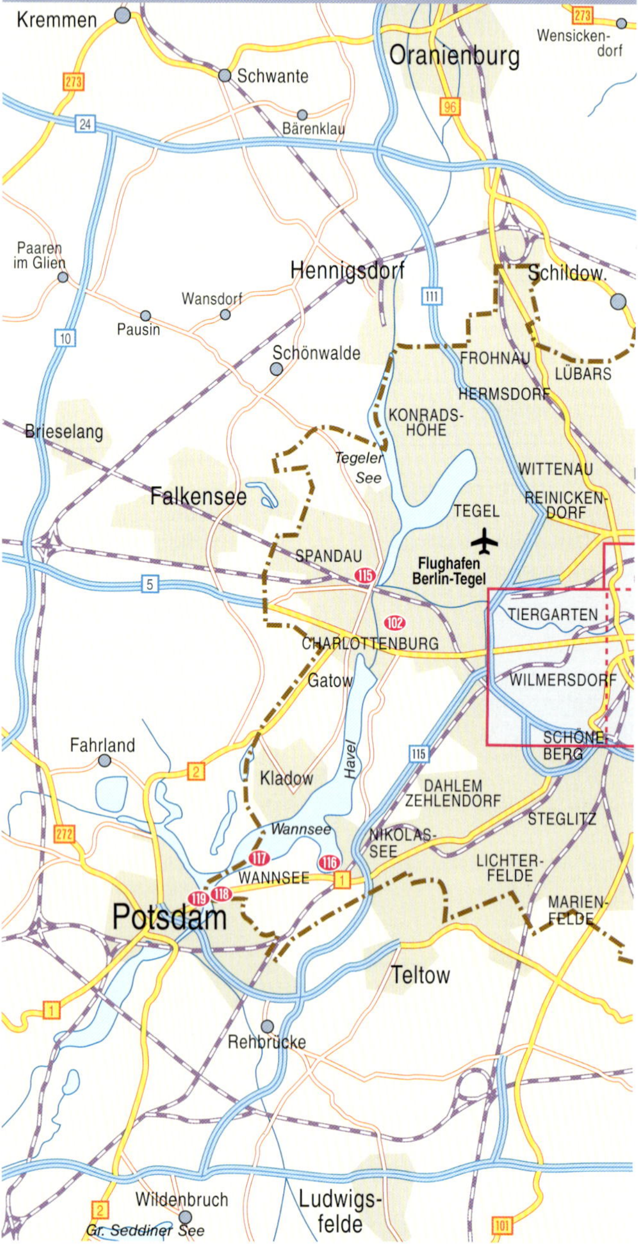

0
10 km
©Reise Know-How 2018
Ausschnitt Faltplan
Wandlitzsee
Liepnitzsee
Wandlitz
Rüdnitz
Tempelfelde
Basdorf
Beiersdorf
Mühlen-beck
Schönwalde
Bernau
Schönfeld
BUCH
Werneuchen
KAROW
Blumberg
Wegendorf
PANKOW
Ahrensfelde
Altandsberg
WEISSENSEE
MARZAHN
PRENZLAUER BERG
Neuhagen
MITTE
LICHTEN-BERG
FRIEDRICHS-HAIN
MAHLS-DORF
Fredersdorf
KREUZBERG
KARLSHORST
NEU-KÖLLN
TREPTOW
Wolters-dorf
ADLERS-HOF
FRIEDRICHS-HAGEN
MARIEN-DORF
KÖPENICK
Gr. Müggelsee
Spree
BUCKOW
BOHNS-DORF
LICHTEN-RADE
Flughafen Berlin-Schönefeld
Mahlow
Dahlewitz
Rangsdorfer See
Königs Wusterhausen
2
11
109
158
10
1
5
96a
114
179
12

S U Bahn Berlin
Wittenberge RE6 RB55 Kremmen
Stralsund/Rostock RE5 RB12 Templin Stadt
Sachsenhausen (Nordb)
Oranienburg S1 RB20
Lehnitz
Borgsdorf
Birkenwerder S8
Vehlefanz
Bärenklau
Velten (Mark)
Hohen Neuendorf West
RB20
RE5·RB12
Hennigsdorf S25 RB55
Hohen Neuendorf
Bergfelde
Schönfließ
Heiligensee
Frohnau
Hermsdorf
Waidmannslust S26
Schulzendorf
Wittenau U8
Rathaus Reinickendorf
Wilhelmsruh
Tegel
Karl-Bonhoeffer-Nervenklinik
U6 Alt-Tegel
Borsigwerke
Holzhauser Str.
Eichborndamm
Alt-Reinickendorf
Schönholz
Otisstr.
Lindauer Allee
Scharnweberstr.
Paracelsus-Bad
Kurt-Schumacher-Platz
128
Residenzstr.
Tegel TXL
Afrikanische Str.
Franz-Neumann-Platz
Am Schäfersee
Osloer Str. U9
TXL 128
128
Rehberge
X9 109
TXL
Seestr.
Nauener Platz
Pankstr.
Amrumer Str.
Leopoldplatz
RE6-RB20
Nauen
RB10
RB14
Brieselang
RE2
Wismar
Finkenkrug
Falkensee
Seegefeld
Albrechtshof
RE2·RE6·RB10·RB14
RB20
Rathenow
RE4
Elstal
Dallgow-Döberitz
Wustermark
RB13
RB21
RE4·RB13
Staaken
Spandau
S3 S9
Zitadelle
Haselhorst
Paulsternstr.
Rohrdamm
Siemensdamm
Halemweg
Altstadt Spandau
Jakob-Kaiser-Platz
Beusselstr.
Westhafen
Wedding
RE6 RE66 RB27
Gesundbrunnen
Jungfernheide
RB13
RE4·RE6·RB10
RE3·RE5·RE6
Humboldthain
Rathaus Spandau U7
RE2·RE4·RE6·RB10·RB13·RB14
RE4·RE6·RB10·RB13
S42 S41
Reinickendorfer Str.
Schwartzkopffstr.
Nordbahnhof
Birkenstr.
RE3·RE4·RE5·RB10
Naturkundemuseum
Oranienburger Str.
Stresow
X9 109
Mierendorffplatz
TXL
Ruhleben
U2
RB14
Westend S46
Turmstr.
U55
Hauptbahnhof
Oranienburger Tor
Pichelsberg
Olympia-Stadion
X9
Richard-Wagner-Platz
Bundestag
Friedrichstr.
RB21 RB22
Neu-Westend
109
Bellevue
Brandenburger Tor U55
Olympiastadion
Sophie-Charlotte-Platz
Bismarckstr.
Kaiserdamm
Tiergarten
Französische Str.
Heerstr.
Theodor-Heuss-Platz
Messe Nord/ICC
Deutsche Oper
Ernst-Reuter-Platz
Hansaplatz
Potsdamer Platz
Mohrenstr.
Messe ZOB
Wilmersdorfer Str.
Mendelssohn-Bartholdy-Park
Stadtmitte
Messe Süd
Savignyplatz
Zoologischer Garten
Anhalter Bhf
Westkreuz S5
Charlottenburg
Wittenbergplatz
Kurfürstenstr.
Halensee
U1 Uhlandstr.
Adenauerplatz
Kurfürstendamm
Gleisdreieck
Möckernbrücke
Grunewald
Nollendorfplatz
Bülowstr.
Augsburger Str.
U3 U4
RE1·RE7·RB21·RB22
Spichernstr.
Viktoria-Luise-Platz
Konstanzer Str.
Hohenzollernplatz
Yorckstr.
Großgörschenstr.
Güntzelstr.
Yorckstr.
Fehrbelliner Platz
Berliner Str.
Kleistpark
Hohenzollerndamm
Blissestr.
Bayerischer Platz
Eisenacher Str.
RE3·RE4·RE5 RB10
Rathaus Schöneberg
Julius-Leber-Brücke
S41 S42
Heidelberger Platz
Bundesplatz
Innsbrucker Platz U4
Schöneberg
Südkreuz
S45 RB10
Priort
RB20·RB21
Rüdesheimer Platz
Breitenbachplatz
Friedrich-Wilhelm-Platz
Friedenau
Podbielskiallee
Dahlem-Dorf
Walther-Schreiber-Platz
Marquardt
Freie Universität
Thielplatz
Feuerbachstr.
Priesterweg
Schloßstr.
Oskar-Helene-Heim
Onkel Toms Hütte
U9 Rathaus Steglitz
Südende
Attilastr.
Schlachtensee
Krumme Lanke
U3
Botanischer Garten
Lankwitz
Mexikoplatz
Golm
Lichterfelde West
Lichterfelde Ost
Nikolassee
RB20·RB21·RB22
S1 RB33 Wannsee
Zehlendorf
Sundgauer Str.
Brandenburg
RE1
Park Sanssouci
Charlottenhof
Babelsberg
Griebnitzsee
Osdorfer Str.
RE3·RE4·RE5
Magdeburg
RE1
Werder (Havel)
Potsdam Hbf
S7 RB20 RB21 RB22 RB23
RE1·RE7·RB21 RB22·RB33
Lichterfelde Süd
Medienstadt Babelsberg
Pirschheide
Rehbrücke
RB22
Caputh-Geltow
Wilhelmshorst
S25 S26 Teltow Stadt
Teltow
Großbeeren
RB22
RE5·RB22
Caputh Schwielowsee
RB23
Saarmund
Ludwigsfelde Struveshof
Michendorf RB23
Birkengrund
S2 Blankenfelde
Ferch-Lienewitz
Ludwigsfelde
Seddin
Thyrow
Dessau RE7
RB33 Jüterbog
Jüterbog RE4
RE3 Lutherstadt Wittenberg/Falkenberg (Elster)
Elsterwerda RE5

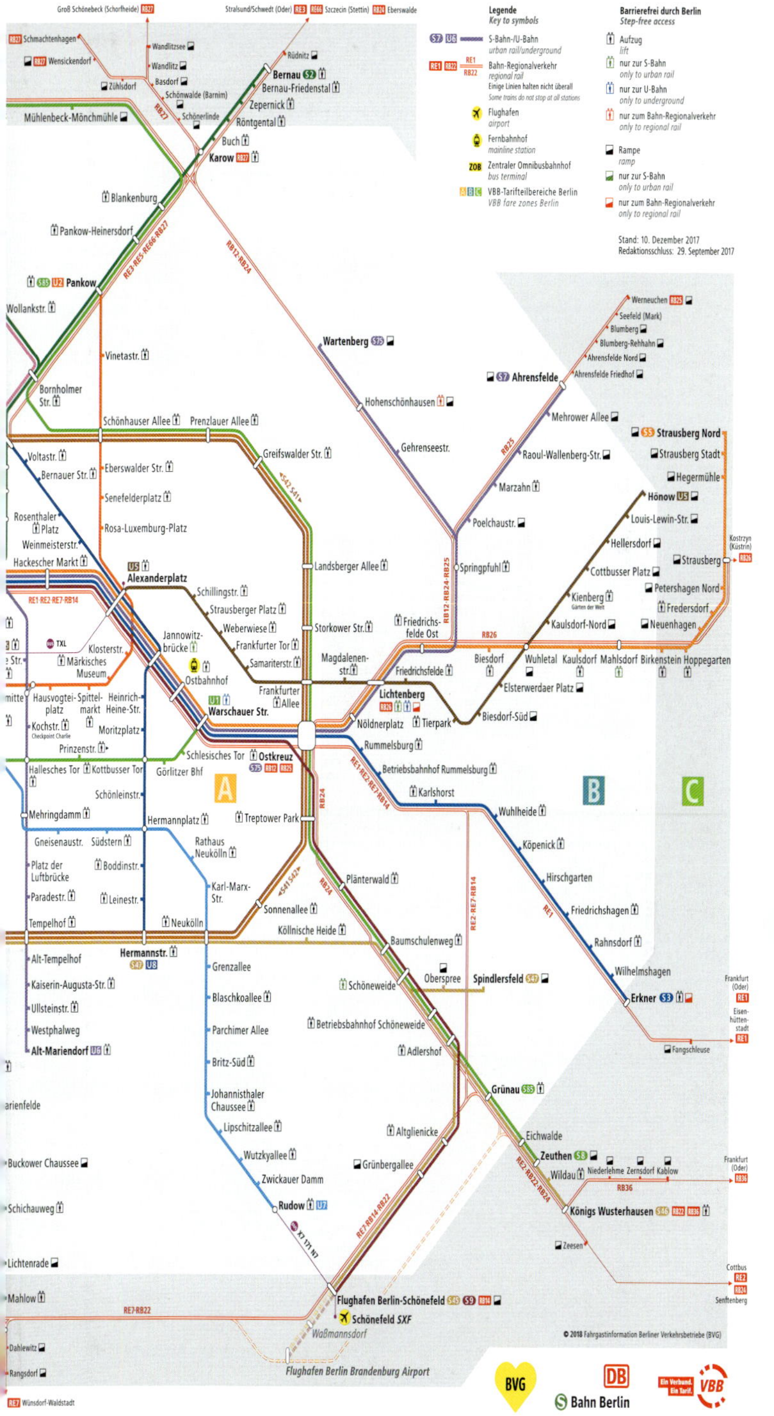

Legende
Key to symbols
S-Bahn-/U-Bahn
urban rail/underground
Bahn-Regionalverkehr
regional rail
Einige Linien halten nicht überall
Some trains do not stop at all stations
Flughafen
airport
Fernbahnhof
mainline station
ZOB
Zentraler Omnibusbahnhof
bus terminal
VBB-Tarifteilbereiche Berlin
VBB fare zones Berlin
Barrierefrei durch Berlin
Step-free access
Aufzug
lift
nur zur S-Bahn
only to urban rail
nur zur U-Bahn
only to underground
nur zum Bahn-Regionalverkehr
only to regional rail
Rampe
ramp
nur zur S-Bahn
only to urban rail
nur zum Bahn-Regionalverkehr
only to regional rail
Stand: 10. Dezember 2017
Redaktionsschluss: 29. September 2017
Groß Schönebeck (Schorfheide) RB27
Stralsund/Schwedt (Oder) RE3 RE66 Szczecin (Stettin) RB24 Eberswalde
RB27 Schmachtenhagen
RB27 Wensickendorf
Zühlsdorf
Wandlitzsee
Wandlitz
Basdorf
Schönwalde (Barnim)
Schönerlinde
Rüdnitz
Bernau S2
Bernau-Friedenstal
Zepernick
Röntgental
Buch
Karow RB27
Mühlenbeck-Mönchmühle
Blankenburg
Pankow-Heinersdorf
RE3·RE5·RE66·RB27
RB12·RB24
S85 U2 Pankow
Wollankstr.
Vinetastr.
Bornholmer Str.
Schönhauser Allee
Prenzlauer Allee
Greifswalder Str.
S42 S41
Wartenberg S75
Hohenschönhausen
Gehrenseestr.
S7 Ahrensfelde
Werneuchen RB25
Seefeld (Mark)
Blumberg
Blumberg-Rehhahn
Ahrensfelde Nord
Ahrensfelde Friedhof
Mehrower Allee
RB25
Raoul-Wallenberg-Str.
Marzahn
Poelchaustr.
S5 Strausberg Nord
Strausberg Stadt
Hegermühle
Hönow U5
Louis-Lewin-Str.
Hellersdorf
Cottbusser Platz
Kienberg
Gärten der Welt
Kaulsdorf-Nord
Strausberg
Kostrzyn (Küstrin) RB26
Petershagen Nord
Fredersdorf
Neuenhagen
Voltastr.
Bernauer Str.
Eberswalder Str.
Senefelderplatz
Rosa-Luxemburg-Platz
Rosenthaler Platz
Weinmeisterstr.
Hackescher Markt
U5 Alexanderplatz
RE1·RE2·RE7·RB14
Schillingstr.
Strausberger Platz
Weberwiese
Frankfurter Tor
Samariterstr.
Landsberger Allee
Storkower Str.
Springpfuhl
RB12·RB24·RB25
Friedrichsfelde Ost
RB26
Biesdorf
Wuhletal
Kaulsdorf
Mahlsdorf
Birkenstein
Hoppegarten
Elsterwerdaer Platz
Biesdorf-Süd
TXL
Klosterstr.
Märkisches Museum
Jannowitzbrücke
Ostbahnhof
Magdalenenstr.
Friedrichsfelde
Lichtenberg RB26
Frankfurter Allee
U1 Warschauer Str.
Nöldnerplatz
Tierpark
Hausvogteiplatz
Spittelmarkt
Heinrich-Heine-Str.
Kochstr. Checkpoint Charlie
Moritzplatz
Prinzenstr.
Schlesisches Tor
Ostkreuz S75 RB12 RB25
Görlitzer Bhf
Rummelsburg
Betriebsbahnhof Rummelsburg
RE1·RE2·RE7·RB14
Karlshorst
Hallesches Tor
Kottbusser Tor
Schönleinstr.
Mehringdamm
Hermannplatz
Treptower Park
RB24
Wuhlheide
Köpenick
A
B
C
Gneisenaustr.
Südstern
Rathaus Neukölln
Platz der Luftbrücke
Boddinstr.
Karl-Marx-Str.
S41 S42
Sonnenallee
Plänterwald
RB24
Hirschgarten
RE1
Friedrichshagen
Paradestr.
Leinestr.
Köllnische Heide
Tempelhof
Neukölln
Baumschulenweg
RE2·RE7·RB14
Rahnsdorf
Hermannstr.
S47 U8
Alt-Tempelhof
Grenzallee
Oberspree
Spindlersfeld S47
Wilhelmshagen
Kaiserin-Augusta-Str.
Schöneweide
Erkner S3
Frankfurt (Oder) RE1
Ullsteinstr.
Blaschkoallee
Eisenhüttenstadt RE1
Westphalweg
Parchimer Allee
Betriebsbahnhof Schöneweide
Alt-Mariendorf U6
Britz-Süd
Adlershof
Fangschleuse
Grünau S85
Johannisthaler Chaussee
arienfelde
Lipschitzallee
Altglienicke
Eichwalde
Zeuthen S8
Wutzkyallee
Grünbergallee
Wildau
Niederlehme
Zernsdorf
Kablow
Frankfurt (Oder) RB36
Buckower Chaussee
Zwickauer Damm
RB36
Rudow U7
RE2·RB22·RB24
Königs Wusterhausen S46 RB22 RB36
Schichauweg
X7 171 N7
RE7·RB14·RB22
Zeesen
Lichtenrade
Cottbus RE2 RB24 Senftenberg
Mahlow
Flughafen Berlin-Schönefeld S45 S9 RB14
Schönefeld SXF
RE7·RB22
Waßmannsdorf
Dahlewitz
Rangsdorf
Flughafen Berlin Brandenburg Airport
RE7 Wünsdorf-Waldstadt
© 2018 Fahrgastinformation Berliner Verkehrsbetriebe (BVG)
BVG
DB
S Bahn Berlin
Ein Verbund. Ein Tarif.
VBB

Vom Alexanderplatz zum Tiergarten